名师名校名校长书系

核心素养视角下的
高中生物
教学探索与实践

陈福玲 / 编著

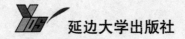
延边大学出版社

图书在版编目（CIP）数据

核心素养视角下的高中生物教学探索与实践 / 陈福玲编著.—延吉：延边大学出版社，2019.9

ISBN 978-7-5688-7882-1

Ⅰ.①核… Ⅱ.①陈… Ⅲ.①生物课—教学研究—高中 Ⅳ.①G633.912

中国版本图书馆CIP数据核字（2019）第219142号

核心素养视角下的高中生物教学探索与实践

编著：陈福玲

责任编辑：宋昌洙

封面设计：姜　龙

出版发行：延边大学出版社

社址：吉林省延吉市公园路977号　　　　邮编：133002

网址：http://www.ydcbs.com

E-mail：ydcbs@ydcbs.com

电话：0433-2732435　　　　　　传真：0433-2732434

发行部电话：0433-2732442　　　　传真：0433-2733056

印刷：北京政采印刷服务有限公司

开本：170×240毫米　1/16

印张：14.5　　　　　　　　　　字数：261千字

印数：550册

版次：2022年6月第1版

印次：2022年6月第1次

ISBN 978-7-5688-7882-1

定价：45.00元

序 言
PREFACE

我在深圳工作25年了，每每谈起生物学科及生物学科教师，很多同行都会自然地流露出特别的幸福感。

我身边的很多朋友都以自己学过生态平衡，学过稳态与调节，以自身能不断调整自己而适应环境为美谈，以将稳态作为自己生物学科教师成长的底色为荣。

与陈福玲老师认识的时间很长，但印象最深的是她当年教出了生物学科高考状元。我后来发现，她为人十分低调，整天忙于教学和学校事务，曾经多次约她发表互动文章和外出培训讲学，都因为单位事务耽搁。申报学科带头人和骨干教师时，她只是低调地申报深圳市骨干。其实她早已达到学科带头人的水平。

在陈福玲老师看来，学校工作永远是第一位的，与学生在一起，永远是第一重要的事情。成长在学校，学校是自己衣食住行的支撑，摆正个人与学校的关系，这些很容易被人有意无意遗忘的人之常情，在她身上成为基本的习惯。

陈福玲老师1990年毕业于华东师范大学生物系，中学高级教师，深圳市宝安中学（集团）高中部副校长、深圳市骨干教师、深圳市十佳青年教师、深圳市高中教育教学先进个人、宝安区十大杰出青年、宝安区首席教师、宝安区名师工作室主持人。

自从陈福玲老师有自己的工作室后，与她的每次交谈，她说得最多的话是"大家看看，如何才能让学校和工作室的年轻老师发展得更快"。每次提到她个人时，她都只是笑笑说："大家好，学校才好。"每次学校有教师取得进步，包括获奖和发表文章，她都引以为傲。

陈福玲名师工作室成立于2017年4月，现有成员13名。他们是一个学习的集体。2018年1月，教育部印发了《普通高中课程方案和课程标准（2017年版）》，拿到《普通高中生物学课程标准》后，陈福玲名师工作室多次组织成员认真阅读、学习交流，写学习体会，并结合自己的教育教学实践，反思自己的教学，探索如何在高中生物学教学中落实新课标的要求。他们也是一个研究的集体，始终在研究状态下工作。通常，一个问题就是一个研究主题，通过研究，形成对问题的正确认识，并落实到自己的课堂上，大家共同成长。

陈福玲老师利用名师工作室这个平台，在青年教师专业成长方面做出了积极有效的探索，因此工作室的年轻老师相对其他学校成长得更好。例如，邓伟玲老师参加2017年广东省概念教学比赛荣获一等奖，张然娜老师和陈振鹏老师分别获得2017年和2019年深圳市高考模拟题命题比赛一等奖第一名，曾芃和陈振鹏老师分别获得2016年和2018年深圳市高中青年教师教学基本功大赛一等奖第一名，李阳老师获得2017年深圳市中小学青年教师教学能力大赛一等奖，等等，这些都是重要的例证。

这本书，从准备出版到正式出版，经历的时间很短，但收集的文章比较全面。多数是教师平时所积累的，而非为写而写。

本书是工作室成员学习新课标，进行教学反思、实践探索的汇集。全书由理论篇、实践篇、探索篇三部分组成。

理论篇是工作室成员对落实新课标理念的思考，对新课标中提出的生物学核心素养的理解和认识，收录了工作室成员在各级各类刊物上发表的论文共11篇。

实践篇是工作室成员运用新课标理念进行的课堂教学设计和课堂教学实践。收录了精品课例、教学设计等共20篇。

探索篇是工作室成员开展的落实新课标的主题教研活动及课题研究成果等。

本书所有的文章是实实在在写出来的，有一定的理论基础，更多的是具体鲜活的实践，是对他们的具体教学和研究的记录。书中，很难看到虚化的痕迹。

衷心期望陈福玲老师和她的工作室能在追求稳态和平衡的道路上有更多的领悟，走得更远更好。

夏献平
2019年6月7日

（夏献平，广东省名师工作室主持人，广东省特级教师，正高级教师，深圳市首批名师，华南师范大学生命科学学院教育硕士生导师和硕士论文答辩委员，人教版《普通高中生物学教材》（2017年课标）的核心作者，广东省教师职务培训、全国继教网、国家教育行政学院教师培训、陕西师大国培班等培训主讲专家。）

目录
CONTENTS

理论篇

实践篇

探索篇

理论篇

凸显生物课程的育人价值，开展有效教学

——研读《普通高中生物学课程标准》（2017年版）有感

深圳市宝安中学（集团） 陈福玲

一、凸显生物课程的育人价值

新课标对生物学科核心素养有了新的界定，主要包括生命观念、科学思维、科学探究和社会责任等，首次把社会责任放入其中，这是立德树人根本任务的要求。除了以往的生态意识、关爱生命外，教师在教学中可能要比以往更注重挖掘生物课程的育人价值。赵占良老师的例子就让我深受启发。例如，在学习细胞凋亡时，细胞凋亡是细胞自动结束自己生命的过程，这是为生物个体做贡献、为整体做贡献，当然也是由基因决定的。我们联系一下每个人在社会中的生活，有时候也需要一些牺牲精神，牺牲个体、牺牲局部是为了整体，正所谓舍小家为大家，关键时刻要讲奉献有担当。又比如，我们讲人体的稳态，说到稳态是机体存活的条件，它让每一个细胞分享资源，又靠所有细胞共建，这不就是共建共享、合作共赢吗？小到家庭，大到国家、国际社会，不都应该朝这方面努力吗？如果将生物课讲到这个高度，是不是能更好地体现生物课程的育人价值呢？所以，我们应该从赵占良老师的例子中得到启发，心怀育人意识，将教书与育人统一，做学生锤炼品格的引路人，让生物课堂成为立德树人的主阵地。

二、在大概念统领下开展有效教学

新课标首次提出了"大概念"一词。我最早看见这个词是在温·哈伦著、

韦钰译的《科学教育的原则和大概念》一书中。该书认为，"大概念就是能帮助学生理解与他们在校以及离开学校以后的生活有关的一些事件和现象的核心概念"。由此看来，大概念即核心概念，是教师或学生对生物学核心问题（生命实质问题）的相对本质的认识或看法，具有统领具体概念和事实概念的作用。教育的目标不是获得一堆由事实和理论堆砌的知识，而应是实现一个趋向核心概念的进展过程。这样做有助于学生把握知识间的内在联系、建立知识网络、理解与他们生活相关的事件和现象，从而更好地培养生物学科核心素养。新课标中对课程的设计和实施追求"少而精"的原则，模块内容聚焦大概念，精简容量、突出重点，让学生能够深刻理解和应用重要的生物学概念，培养学生生物学科核心素养。高中生物学课程的必修课程和选修1课程都是围绕着几个大概念展开的，内容标准基于大概念描述了具有学科逻辑、符合高中学生认知特点的重要概念，形成了课程的内容框架。例如，"分子与细胞"模块，仅包含了2个大概念：细胞是生物体结构与生命活动的基本单位；细胞的生存需要能量和营养物质，并通过分裂实现增殖。每个大概念下包含几个重要概念，每个重要概念下又包含几个一般概念。

　　大概念的教学，实际上是建立在一般概念、原理和规律之上，对生物学核心问题认识和理解的建构。在新课标授课上，教学主线基本上是沿着"生物学事实—一般概念—重要概念—大概念"进行的，多节课甚至更长时间的多角度的课，都在为某一大概念的建构服务。例如，要帮助学生形成"细胞的生存需要能量和营养物质"这一大概念，至少应认真完成表1中相应的重要概念、一般概念和事实的教学。

表1　模块1中围绕大概念的一般概念和事实梳理

大概念	重要概念	一般概念和事实	重要的生物学名词（术语）
细胞的生存需要能量和营养物质	物质通过被动运输或主动运输方式进出细胞，以维持细胞的正常代谢活动	细胞膜等生物膜具有选择透过性	选择透过性
		水分子等顺浓度梯度进出细胞，不需要额外提供能量；K^+等逆浓度梯度进出细胞，需要能量和载体蛋白	被动运输、自由扩散、协助扩散、主动运输、载体蛋白
		胰岛素等大分子物质可以通过胞吞、胞吐进出细胞	胞吞、胞吐

续　表

大概念	重要概念	一般概念和事实	重要的生物学名词（术语）
细胞的生存需要能量和营养物质	细胞的功能绝大多数基于化学反应，这些反应发生在细胞的特定区域	绝大多数酶都是能催化生化反应的蛋白质，少数酶是RNA，酶的活性受到环境因素（如pH和温度等）的影响	细胞代谢、活化能、自变量、因变量、无关变量、对照实验、对照组、实验组
		ATP（腺嘌呤核苷三磷酸，简称三磷酸腺苷）是驱动细胞生命活动的直接能源物质	腺苷、高能磷酸键、吸能反应、放能反应
		说明植物细胞的叶绿体从太阳光中捕获能量，并将其转化为细胞可利用的化学能储存在有机分子中	类囊体、同位素标记法、卡尔文循环、光反应、暗反应、CO_2的固定、C_3的还原、化能合成作用
		说明生物通过细胞呼吸将储存在有机分子中的能量转化为生命活动可以利用的能量	细胞呼吸、有氧呼吸、无氧呼吸、酒精发酵、乳酸发酵

需要特别指出的是，重要的生物学名词（术语）虽然不是核心概念，但一定是构建生物学核心概念的重要基石。只有引导学生基于事实性知识，把这些名词（术语）的内涵、外延、应用等弄懂，才利于大概念的建构。

2017年版《普通高中生物学课程标准》的变化

深圳市宝安中学（集团） 甘太祥

　　《普通高中生物课程标准（2003年版）》已经实施了10多年了，指导了上一轮的高中课程改革实践，对全面推进素质教育发挥了重要作用。但随着社会、经济、科技、文化的巨大变化，对人才培养提出了更高的要求，在实践过程中也发现了很多亟待改进之处，教育部组织专家对普通高中课程方案和各学科课程标准进行了历时4年多的修订，终于经国家教材委员会审查通过，于2017年底印发，并于2018年秋季开始执行，这对已经在部分省、市展开的新一轮高中课程和高考招生改革起到了重要的指导作用。

　　为了更好地了解和实施2017年版普通高中生物学课程标准，现将两个版本的课程标准作一对比。

一、课标名称的变化

　　2003年版的课标名称为《普通高中生物课程标准（实验）》。2017年版课标的名称改为《普通高中生物学课程标准》。这与义务教育阶段的课程标准名称保持了一致。

二、前言的调整

　　2003年版课标在前言部分强调了课程的性质、课程基本理念和课程设计思路三个方面。

　　2017年版课标首先从四个方面说明了对课标进行修订的原因：

1. 落实十九大提出的新的教育目标的需要

党的十九大明确提出："要全面贯彻党的教育方针，落实立德树人根本任务，发展素质教育，推进教育公平，培养德智体美全面发展的社会主义建设者和接班人。"

2. 顺应教育发展的需要

当代教育教学改革有六大新动向：

动向一：从全民教育到全民学习

世界银行在"2020年教育战略"中提出，面对全球教育面临的挑战，未来教育的目标应从促进"全民教育"转变为促进"全民学习"。

20世纪后半期，世界各国关注全民教育，努力扩大教育规模，增加入学机会，取得了重大进展。从21世纪初开始，关注点已从规模扩展向质量提升转变。

动向二：从以课程为中心到以学生为中心

以学生为中心正在成为很多国家提升教育质量的核心导向。以学生为中心需要做到两点，一是全员化发展，即每个学生都是重要的；二是个性化发展，即每个学生都是不同的。与此相适应的是学校的多元化发展。

动向三：从以能力为导向到以价值观为导向

世界各国教育出现的另一个引人瞩目的新动向是由能力导向朝着价值观导向转变。价值观导向归根结底就是教育学生如何对待自己、对待他人以及对待社会、国家和世界。

动向四：从知识传授到创新精神培养

学习型组织倡导者彼得·圣吉说："婴儿学走路，是在跌倒、爬起、再跌倒、再爬起的过程中学会的。"学生思维能力的发展就像婴儿学走路一样，要经过一个想错—再想—再错—再想的过程。学生的每一个错误都意味着一次成长，教师要有"祝贺失败"的修养。

各国教学模式的改变几乎都朝着通过探究式学习、实践式学习和合作式学习来培养学生的创新精神和创新能力的方向发展。

部分美国教育专家列出以下五种美国未来的教育趋势：一是智慧型的教学方法。很多一线教育工作者会根据专家的研究成果，寻找出学生最佳的学习方式作为实际教学时的方针。比如，教师应以学生努力的程度为奖励目标而非学习成果，要把传授学习策略、帮助学生找出最有效率的学习方式作为主要教学任务等。二是以游戏为基础的学习。哈佛大学、麻省理工学院和威斯康星大学的一些专家提出了游戏可帮助学生学习并增进学习成效的研究成果。三是磨炼不屈不挠、努力不懈的精神。失败是学生成长的最佳机会，让他们学习从失败中得到教训并改进，这项能力会让学生终身受用。四是家庭作业被质疑。是否真的有必要为了完成这些作业而剥夺了学生游戏玩要和家庭欢聚的时间？家庭社交活动和情绪发展与在学校的课堂学习，对学生来说同等重要。全美已有许多教师及校长支持"没有作业的晚上"（no home work nights），或以某项目标取代家庭作业。五是培养创造能力。应该通过科学、科技、工程、数学学科与人文设计学科的整合，来激发学生的好奇心和创意。很多学校开始尝试以"项目"为基础的学习。

动向五：从信息工具的使用到教学模式的改变

2011年9月，美国教育部长邓肯重复提出著名的"乔布斯之问"：为什么在教育领域信息技术的投入很大，却没有产生像在生产和流通领域那样的效果呢？邓肯认为，原因在于"教育没有发生结构性的改变"。信息技术在教育领域的应用可分为三个阶段：工具与技术的改变、教学模式的改变，最终可能产生学校形态的改变。

动向六：从单一测评到综合评价

OECD（经济合作与发展组织，简称经合组织）发布的报告《为促进更好学习：评价与评估的国际视角》（以下简称报告）称，全球教育系统正将对教师和学校绩效的评估作为帮助学生更好学习以及提高成绩的重要推动力。

教育质量评估关注评估标准、评估体系和评估政策的建设。报告指出，OECD各成员国在学校是否以及如何测试"成绩"两个方面的看法均存在巨大差异。但报告建议，评估要采取全面综合的方法，使其与教育目标保持一致。评估的重点应放在改进课堂实践上，确保所有利益相关者尽早参与以及将学生置于核心位置上。

OECD目前已开发出新的测试工具，被称作"OECD面向学校的测试"，是基于PISA（国际学生评估项目的英文缩写）测评而开发的，它不同于PISA的面向学校的测试，旨在测评学校15岁学生的阅读、数学和科学能力的情况，以帮助学校改进教育教学工作。

3. 适应高考招生制度改革的要求

2014年国务院印发《关于深化考试招生制度改革的实施意见》，要求对高中课程和高考改革进行统筹规划，做好衔接。

4. 顺应国际课程改革大势的需要

本次修订深入总结21世纪以来我国普通高中课程改革的宝贵经验，充分借鉴国际课程改革的优秀成果，努力将普通高中课程方案和课程标准修订成既符合我国实际情况，又具有国际视野的纲领性教学文件，构建具有中国特色的普通高中课程体系。

前言还从两个方面做了具体的说明：一是修订工作的指导思想和基本原则，二是修订的主要内容和变化。

三、课程性质的修改

2017年版课程标准强调生物学课程有独特的育人价值和独特的学习方法，包括生物学教师在内的所有教师及学生，不要再把生物学当成"文科"来学习。不要片面地认为，生物学就是一门背诵、记忆的学科。课程标准还强调在学习中学生要主动参与学习过程，在亲历提出问题、获取信息、寻找证据、检验假设、发现规律等过程中学习生物学知识，要养成理性思维的习惯，形成积极的科学态度，发展终身学习的能力。

四、课程理念的更新

2003年版课程标准中突出了四个理念：

（1）提高生物学科素养。

（2）面向全体学生。

（3）倡导探究性学习。

（4）注重与现实生活的联系。

2017年版课程标准中关于课程理念也有四点，但内容截然不同。

1. 以核心素养为宗旨

在培养学生核心素养的基础上，基于生物学科的特点，凝练出了生物学科核心素养：生命观念、科学思维、科学探究和社会责任。对原有的知识与技能、过程与方法、情感态度与价值观三个维度目标进行了整合。

2. 内容聚焦大概念

进一步精选了学科内容，在课程标准中明确提出了学科大概念，以学科大概念为核心，层层分解，提出了具体的内容标准，使课程内容结构化、情境化。

3. 教学过程重实践

强调教学要更加注重与现实生活的联系。

4. 学业评价促发展

和2003年版课程标准相比，2017年版课程标准的一个显著变化是用了专门的篇幅去描述每个模块和内容学习完成后，学生应该达到的学科核心素养水平、各水平的关键表现和学业质量标准。这就为阶段性评价、学业水平考试和高考命题提供了依据。

五、课程目标的变化

2003年版教学目标是从知识与能力、过程与方法、情感态度与价值观三个维度去实施。2017年版教学目标要求从学科素养的角度出发来制订教学目标。包括生命观念（知）、科学思维（意）、科学探究（行）、社会责任（情）四个维度。

强调在教学过程中培养学生的学科素养。问题的选择要有价值判断，要培养学生正确的价值观。问题的解决要有挑战性，培养学生求实、坚韧、合作等品格。解决问题的过程中要注重观念、思维、探究等的运用。

六、课程结构的变化

在课程结构上，精简了必修内容，将原有的三个必修模块精简为两个，面向所有高中学生开设。增加了"选择性必修"模块，将原有的必修3"稳态与环境"模块分解为"稳态与调节"和"生物与环境"两个选择性必修模块，将原有的选修1"生物技术实践"和选修3"现代生物科技专题"合并为"生物技术与工程"这个选择性必修模块。这三个选择性必修模块面向所有高考选考生物的学生开设。原来只存在于传说中，从来没听说有学校开设的选修2"生物科学与社会"变成选择性必修模块，内容极为丰富，留给各地区和学校自己去选修和设计校本课程（见图1）。

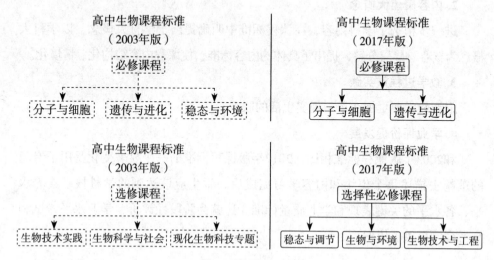

图1　课程结构对比

课程设置更注重基础性，突出选择性。

七、课程内容的变化

新课标强调了必修部分的内容要求、教学提示和学业要求。必修和选择性必修都是围绕大概念构建学科内容体系的。

必修课程包含4个大概念：

概念1：细胞是生物体结构与生命活动的基本单位。

这个大概念又包含了3个重要概念，13个次位概念。

概念2：细胞的生存需要能量和营养物质，并通过分裂实现增殖。

这个大概念又包含了3个重要概念，10个次位概念。

概念3：遗传信息控制生物性状，并代代相传。

这个大概念又包含了3个重要概念，15个次位概念。

概念4：生物的多样性和适应性是进化的结果。

这个大概念又包含了2个重要概念，7个次位概念。

这样的内容安排，可以引导教师和学生将相关的生物学内容有结构、有联系地组织起来，避免知识的碎片化和割裂，消减了知识细枝末节的内容，淡化了记忆背诵的要求，强调了对重要概念的理解，为探究概念的形成过程和学生主动学习留出了更多的时间，是课程内容少而精的主要体现。

对概念学习的要求采用了针对学生年龄特点的命题式描述，这样的描述可以使教科书编写者、教师和学生更易把握学习内容的范围和深度，教学目标更明确具体。

每个模块中设有"教学提示"栏目。该栏目主要包括两部分内容：一是本模块教学应特别关注的教学策略和教学方法；二是为帮助学生达成对概念的理解，促进学生生物学科核心素养的提升，应开展的教学活动。

例如，必修模块2《遗传与进化》的教学提示：

在本模块的教学中，教师应创造条件让学生参与调查、观察、实验和制作等活动，引导学生从生活经验中发现和提出问题，学习有关概念、原理、规律和模型，应用有关知识分析和解决实践中的问题，体验科学家探索生物生殖、遗传和进化奥秘的过程。基于近年来基因组研究的进展，教师可向学生介绍通过生物信息学方法筛查遗传病的技术。

为帮助学生达成对概念3的理解，促进学生生物学科核心素养的提升，应开展下列教学活动：

（1）运用模型、装片或视频观察模拟减数分裂过程中染色体的变化。

（2）收集DNA分子结构模型建立过程的资料并进行讨论和交流。

（3）制作DNA分子双螺旋结构模型。

（4）模拟植物或动物性状分离的杂交实验。

（5）调查常见的人类遗传病并探讨其监测和预防的方法。

为帮助学生达成对概念4的理解，促进学生生物学科核心素养的提升，应开展下列教学活动：

（1）收集生物进化理论发展的资料，探讨生物进化观点对人们思想观念的影响。

（2）用数学方法讨论自然选择使种群的基因频率发生变化。

（3）探讨耐药菌的出现与抗生素滥用的关系。

本模块教学中所列的教学活动是对原课标"活动建议"栏目中的实验、调查等学生活动进行的认真筛选，具有可操作性，也适当增加了一些学生活动。例如，删去了"观察细胞减数分裂""低温诱导染色体加倍的实验""收集人类基因组或基因治疗的研究资料"等教学活动，增加了"运用模型、装片或视频观察模拟减数分裂过程中染色体的变化""探讨耐药菌的出现与抗生素滥用的关系"等活动。本栏目所列的实验、收集资料讨论、探讨等学生活动，虽未使用"必做"一词，但要求"应开展"，意在表明原则上为应做。

对每一模块从学科素养方面提出了学业要求。

例如，必修模块1《分子与细胞》的学业要求：

【学业要求】

完成本模块学习后，学生应能够：

从结构与功能相适应这一视角，解释细胞由多种多样的分子组成，这些分子是细胞执行各项生命活动的物质基础（生命观念、科学思维）。

构建并使用细胞模型，阐明细胞各部分结构通过分工与合作，形成相互协调的有机整体，实现细胞水平的各项生命活动（生命观念、科学思维、科学探究）。

从物质与能量视角，探索光合作用与呼吸作用，阐明细胞生命活动过程中贯穿着物质与能量的变化（生命观念、科学思维、科学探究）。

观察多种多样的细胞，说明这些细胞具有多种形态和功能，但同时又都具有相似的基本结构（生命观念、科学探究）。

观察处于细胞周期不同阶段的细胞，结合有丝分裂模型，描述细胞增殖的主要特征，并举例说明细胞的分化、衰老、死亡等生命现象（生命观念、科学探究、社会责任）。

八、新增学业质量标准

学业质量是学生在完成本学科课程学习后的学业成就表现。学业质量标准是以本学科核心素养及其表现水平为主要维度，结合课程内容，对学生学业的总体刻画。依据不同水平学业成就表现的关键特征，学业质量标准明确将学业质量分为不同水平，并描述了不同水平学习结果的具体表现。高中生物学学业质量标准是依据生物学学科核心素养中的生命观念、科学思维、科学探究和社会责任的四个维度并在此基础上划分的水平，结合必修课程和选择性必修课程的重要概念、方法等对学生学习相应的课程后所表现出的核心素养水平的描述。一、二级是水平考试的评价标准，三、四级是等级考试的评价标准。

学业质量标准是阶段性评价、学业水平考试命题的重要依据。学业质量水平二是高中毕业生在本学科学业水平合格考试的命题依据，学业质量水平四是学业水平等级性考试的命题依据。

（1）学业质量的每一级水平均包括生物学学科核心素养的四个维度以及不同水平间的差异，主要表现在不同复杂程度的情境中运用各种重要概念和方法解决问题的程度，水平从低到高具有递进关系。

（2）一、二级水平，除解决问题的情境相对简单和解决问题的程度要求相对较低外，涉及的大概念、方法等仅限于必修课程内容，是本学科学业水平合格考试的命题依据。

（3）三、四级水平，解决问题的情境相对复杂，解决问题的程度要求相对较高，涉及的大概念、方法等包括必修课程和选择性必修课程的全部内容，是本学科学业水平等级性考试的命题依据。

教学评价从关注"是什么？为什么？"到重视"如何用？"，注重问题解决能力的考查。这就要求学生在平时的学习过程中多研究社会、生活、生产实践和科学研究实践中的具体问题，才能取得好的成绩。

教学评价从关注"促学"到关注"育人"。关注观念是否形成，关注问题解决方式，关注思维、探究过程。

九、实施建议的调整

在内容安排上，除保留了原有的教学与评价建议、教材编写建议外，还新增了学业水平考试与命题建议以及地方和学校实施校本课程的建议。

教学建议方面也与时俱进地做了调整。

（1）高度关注学生生物学学科核心素养的达成。

（2）组织以探究为特点的主动学习是落实生物学学科核心素养的关键。

（3）通过大概念的学习，帮助学生形成生命观念。

（4）加强和完善生物学实验教学。

（5）注意学科间的联系（STEM教育）。

（6）注重生物科学史和科学本质的学习。

例谈在高中生物学教学中渗透生命观念

深圳市宝安中学（集团）　邢树桂

《普通高中生物学课程标准（2017年版）》将旧课标中的三个维度教学目标更改为生物学科核心素养目标，对高中生物学的教学目标进行了细化。在新课标中，高中生物学核心素养包括生命观念、理性思维、科学探究和社会责任四个方面。其中，生命观念是指对观察到的生命现象及相互关系或特性进行解释后的抽象，是经过人们实证后的想法或观点，是能够理解或解释相关事件和现象的意识、观念和思想方法。可见，在高中阶段培养学生的生命观念的生物学教学有着其他学科无法替代的地位。因此，在高中生物教学中渗透生命观念教育尤为重要。本文主要通过举例来谈谈如何在教学中渗透生命观念。

一、立足生物基础知识，让学生认识生命本质

学生要形成生命观念，一定要有较好的生物学基础。高中生物必修1《分子与细胞》模块中，介绍了最小的生命系统——细胞。生物体宏观的生命现象与功能都能在细胞的层面上找到解释与答案。例如，在进行《细胞的衰老》一课教学时，我们可以从学生显而易见的宏观现象入手，通过描述与图片展示，让学生认识到人的衰老过程，同时思考其背后的原因。接着，教师再从细胞的角度，将人体衰老所表现出的白发、皱纹、老年斑、行动迟缓等现象从细胞结构改变的角度上寻找原因。又如，必修3《稳态与环境》模块中，在"通过神经系统的调节"的教学中，教师可以设计游戏考验学生的反应速度，如播放音乐，当音乐停止时立即做出要求的动作。在游戏的过程中，学生初步了解了"反

射"这种现象，接着教师再将关注点放回到生物学知识上，让学生明白，原来是反射弧的存在为反射现象的出现提供了可能。

通过将生命现象回归到细胞层面上，有助于学生认识到结构决定功能，一切生命现象都可以从微观的细胞中找到答案。

二、构建生活化情境，让学生敬畏生命

生物学科的特点是与生活联系紧密，这也是本学科的教学优势所在。教师在进行教学过程中，要善于利用与学生生活紧密相关的例子，一方面可激发学生的学习兴趣，另一方面有利于形成生命观念并用于解决实际生活问题。

例如，在必修3《免疫调节》一课中，教师机械地介绍并记忆免疫系统的防卫功能方面的知识容易发生混淆，也不利于学生深刻理解，故可采用情境化教学方式。可以以流感病毒为切入点，构建情境一：此刻你处于一种存在某流感病毒的环境中，流感病毒正蠢蠢欲动伺机入侵你的身体。问：你的机体如何做出抵抗？引出人体第一道防线后，构建情境二：流感病毒已突破你的第一道防线，接下来机体该如何应对？引出人体第二道防线后，构建情境三：流感病毒十分顽固，已成功突破你的第一、二道防线，机体又是如何做出抵抗的？引出体液免疫的过程。接着构建情境四：流感病毒入侵到你的组织细胞内，引出细胞免疫过程。构建情境五：当你感染流感病毒病愈后，再次遇到该流感病毒，引出二次免疫的内容。最后构建情境六：为简单有效地治疗该流感病毒感染者，可以采取怎样的措施？让学生在学习相关知识后将其应用到实际生活中。

通过以上多个情境的构建，层层递进，让学生深刻地认识生命的美妙，从而更加敬畏生命。

三、开展开放性讨论，让学生热爱生命

生物学当中有很多不局限于书本且与生活、社会热点紧密相连的内容，针对这些内容，教师可多设计开放性的讨论活动，让学生在这个过程中进行思维的碰撞。如，开展"全球生物多样性锐减"的讨论。组织学生讨论人类所面临的亟须解决的生态环境问题，以及应该如何利用已学的知识保护生物多样性。通过这类讨论，让学生形成科学的自然观，明白人和自然以及其他的生物都要

和谐相处，不仅要热爱自己的生命，同样也要热爱其他生物的生命。

生命观念的培养是教师在教学过程中容易忽略的，教师需要在教学过程中有意识地渗透生命观念并对学生进行启发。只有让学生树立了正确的生命观念，他们才能正确地理解生命的存在，并且尊重和热爱生命，进而形成正确的三观。

课标中生命系统的信息观

深圳市宝安中学（集团）　张然娜

《普通高中生物学课程标准（2017年版）》强调从生命观念、科学思维、科学探究和社会责任四个方面发展学生的学科核心素养。学生应该在较好地理解生物学概念的基础上形成生命观念，能够用生命观念认识生物的多样性、统一性、独特性和复杂性。任何一个生命系统都是物质、能量和信息的统一体，它们相互依存、相互制约。信息以物质和能量为媒介，穿越时间和空间进行传递，物质和能量的变化又离不开信息驱动。从细胞到生物圈，生命系统层层相依，各有特定的组成、结构和功能，各组成成分之间并不是孤立的，而是有着不同信息交流和传递的过程。

一、细胞生命系统的信息观

1. 细胞生物的中心法则

新课标聚焦大概念，其中概念3强调遗传信息控制生物性状，并代代相传。DNA通过复制、转录、翻译等过程传递和表达遗传信息。中心法则高度概括了遗传信息传递的一般规律。

DNA是遗传信息的载体，故亲代DNA必须以自身分子为模板准确地复制成两个，并分配到两个子细胞中去，完成其遗传信息载体的使命。DNA的双链结构对于维持遗传物质的稳定性和复制的准确性都极为重要。基因的表达与调控是最基础的遗传信息传递过程。其中，转录是遗传信息从DNA流向RNA的过程，是基因表达的第一阶段，也是基因调控的主要阶段。翻译是将成熟的信使

RNA分子中"碱基的排列顺序"（核苷酸序列）解码，并生成对应的特定氨基酸序列的过程。生物的性状由基因控制，性状的遗传实质上是亲代通过生殖细胞把基因传递给子代，并按照一定的遗传规律代代相传。

2. 分泌蛋白的靶向运输

蛋白质通过分泌途径进行运输至少可分为三个不同的阶段，首先是蛋白质从内质网中输出，然后呈递到高尔基体；其次是高尔基体内的运输；最后是高尔基体后的运输。不同运输小泡的形成和定向运输都是由信号指引的。小泡的形成不仅需要信号，同时也需要衔接蛋白和信号受体。信号肽假说认为，编码分泌蛋白的mRNA在翻译时首先合成的是带有疏水氨基酸残基的信号肽，它被内质网膜上的受体识别并与之相结合。信号肽经由膜中蛋白质形成的孔道到达内质网内腔，随即被位于腔表面的信号肽酶水解。由于它的引导，新生的多肽就能够通过内质网膜进入腔内，最终被分泌到胞外。

二、个体生命系统的信息观

细胞与细胞之间也有着信息交流的过程，属于个体生命系统的信息观，信息分子是它们之间发生联系的"语言"。按照信息传递的途径，生命系统的信息传递可分为物质传递、接触传递和通道传递。

1. 物质传递

细胞分泌的化学物质，如激素、神经递质、淋巴因子等，与靶细胞的受体结合，将信息传递给靶细胞。神经—体液—免疫调节网络中大多数以物质传递的方式进行信息传递。

神经调节中的神经递质在突触传递中是担当"信使"的特定化学物质。神经递质由突触前膜释放后立即与相应的突触后膜受体结合，产生突触去极化电位或超极化电位，导致突触后神经兴奋性升高或降低。神经递质的作用可通过两个途径中止：一种途径是再回收抑制，即通过突触前载体的作用将突触间隙中多余的神经递质回收至突触前神经元并贮存于囊泡中；另一种途径是酶解，即递质起作用后被相应的酶水解。

体液调节中激素起主要作用。激素既不组成细胞结构，也不提供能量，也不起催化作用，只是作为信号分子使靶细胞原有的生理活动发生变化。激素的作用机制是通过与细胞膜上或细胞质中的专一性受体蛋白结合而将信息传入细胞，引起细胞内发生一系列相应的连锁变化，最后表达出激素的生理效应。研究激素不仅可以了解某些激素对动物和人体的生长、发育、生殖的影响及致病的机理，还可通过测定激素来诊断疾病。

免疫调节中淋巴细胞借助淋巴因子对邻近或远离的靶细胞产生作用，这与抗体的作用相平行，是实现免疫效应和免疫调节功能十分重要的途径。淋巴因子的种类繁多，至今只有少数因子得到较充分的研究。在此只列举高中生物教材中常见的几种：干扰素作用于正常细胞表面的干扰素受体，能使细胞进入抗病毒状态；B细胞生长因子是由活化的T细胞或某些淋巴细胞产生的能促使B细胞增殖的小分子蛋白质。也就是说B细胞分化因子由活化的T细胞产生，使活化的B细胞发生特性的改变，分化成为分泌抗体的浆细胞。

2. 接触传递

相邻两个细胞的细胞膜接触，信息从一个细胞传递给另一个细胞。例如，异种精子不能与卵子融合，这是因为精子表面的结合素能与卵细胞膜上特异的受体结合，而达到同种识别的目的。

效应T细胞与被抗原入侵的宿主细胞（靶细胞）密切接触，激活靶细胞内的溶酶体酶，同时，效应T细胞与靶细胞接触而激发颗粒胞吐，释放穿孔素通过聚合作用而在靶细胞表面形成小孔，从而发挥介导杀伤作用。靶细胞死亡过程类似于细胞凋亡。靶细胞内的抗原也因失去藏身之所而被抗体黏附，失去反抗之力，接着被吞噬系统的细胞所吞噬。效应T细胞也能释放出淋巴因子以增强杀伤力。

3. 通道传递

相邻两个细胞之间形成通道，携带信息的物质通过通道进入另一个细胞。胞间连丝不仅使相邻细胞的细胞质膜、细胞质、内质网交融在一起，而且也是植物细胞间物质运输和传递刺激的重要渠道。胞间连丝是植物的一种超细胞结构，它把一个个独立的"细胞王国"转变成相互连接的共质体，为植物体的物质运输和信息传递提供了一个直接地从细胞到细胞的通道。

三、生态系统的信息观

生态系统具有物质循环、能量流动和信息传递的作用，其中，信息传递具有重要的作用。生命活动的正常进行，离不开信息传递；生物种群的繁衍，也离不开信息的传递。信息还可以调节生物的种间关系，以维持生态系统的稳定。信息传递在农业生产上的应用包括两方面：一是提高农产品和畜产品的产量，二是对有害动物进行控制。

初探高中生物核心素养"社会责任"的培养

深圳市宝安中学（集团） 邓伟玲

"社会责任"是《普通高中生物学课程标准（2017年版）》明确提出的生物学核心素养之一。"社会责任"是指学生基于生物学的认识，参与个人与社会事务的讨论，做出理性解释和判断，解决生产生活问题的担当和能力。《国家中长期教育改革和发展规划纲要（2010—2020年）》特别把"服务国家服务人民的社会责任感"作为素质教育的第一重点，可见大力培养我国高中生的社会责任感极其重要。高中生物教学中应充分挖掘教材中社会责任感教育要素，渗透社会责任感教育。下面笔者将根据自己的教学实践，谈谈自己的一些做法。

课堂教育是高中教育的主要渠道和基本环节，"社会责任"核心素养的培养应主要以课堂为载体。而教材又是课堂教学的主要依据，高中生物教材（人教版）蕴含着丰富的教育素材，里面有许多内容与"社会责任"有关。教师可通过多渠道整合课程内容，挖掘教材中的"社会责任"要素，创造真实的学习机会，让课堂的品格教育更真实、感人、可信，在潜移默化中使学生的品格得到升华，具备承担"社会责任"的知识和能力。

一、在学习生物科学史的过程中产生责任感

在教材中，高中生物科学史并不是可有可无的"陪衬"、增强趣味性的"课外阅读资料"，它对培养学生的社会责任感起着非常关键的引导作用。学生在学习生物科学史的过程中，可通过对科学之路的体验、反思和感悟，将科学家的精神转化为个人的生物学学科素养，形成自己的生物学思维方式，培养

社会责任意识。比如，在学习《降低化学反应活化能的酶》一节中，笔者让学生仔细阅读本节"资料分析"，体会巴斯德、李比希、毕希纳、萨姆纳等科学家的研究历程和他们观点之间的逻辑关系，让学生真切感受到：一个科学本质的发现需经历多少艰辛和曲折，科学家们为了人类的进步做出了让人难以想象的努力，从而让学生萌发认同感与敬佩感，并潜移默化到自己身上，产生服务意识和社会责任感。又比如，《人类遗传病》一节有谈及人类基因组计划的相关内容，我国是参与这一计划的唯一一个发展中国家，承担了其中1%的测序任务。教师可借此内容进行情感渲染，增强学生的民族自豪感与服务祖国的意识。

二、在用知识解决现实问题的过程中培养责任感

在生物教学中，学生可以由生物学知识产生道德知识，再由道德知识内化为道德观念，由道德观念再深化为责任意识。教师应特别注重让学生用知识来解决现实问题，通过解释、分析、理解等环节，促使学生把知识内化为自己的学科素养。教师通过课本知识与现实问题的结合，让学生扮演"生物专家"的角色，从解决问题的实操中养成社会责任意识。例如，通过免疫调节的学习，学生认识免疫系统的功能，从而积极主动锻炼，提高自身免疫力，有了健康的身体才能更好地学习、工作，才有本钱谈及"社会责任"。

三、在了解我国生物发展的前沿中强化责任感

在教学过程中，教师可适当利用文字、图片、视频等资源对课本内容进行拓展，让学生在学习生物学知识的同时也了解我国生物资源状况和生物科学技术发展状况，从而形成爱祖国、爱家乡的情感，增强振兴祖国和改变祖国面貌的使命感与责任感。如在讲解选修3《动物细胞融合与单克隆抗体》一节时，笔者以"非洲爆发埃博拉病毒疫情"为情境引入，利用问题导学法教学，并播放了《我国科学家成功分离出埃博拉单克隆抗体》的视频资料，让学生了解我国科学家在世界卫生事业上所做出的巨大贡献，激发学生的爱国情绪。又如，必修3中的"科学家访谈"介绍孙儒泳院士，他不论严寒酷暑都坚持在户外进行生态研究，在鼠类和鱼类生理生态、鼠类冷适应研究上有重大成就……在教学中，教师可对我国生物界的名人轶事做适当的介绍，以激励学生学习科学家献

身科学的崇高精神，教导学生专注于学业，发愤图强，服务社会。

四、在课堂讨论、实地调研中践行责任感

柯尔伯格说过："道德教育同理智教育一样，是以刺激学生就道德问题和道德决策进行积极的思考为基础。"因此，生物课堂也可以是"辩论课""讨论会""演讲会"，这些上课形式可促使学生产生认知冲突，激发学生积极思考。此外，学生在准备、收集资料的过程中也提高了他们对相关问题的责任认知。比如，在学习影响种群密度的因素"出生率和死亡率"时，可让学生分析我国实施二孩政策的必要性；在学习变异与进化时，可让学生对医院门诊严控挂抗生素这一措施发表见解。通过组织学生围绕议题，让他们从教材、文献、网络等处查询相关信息，经过自主探究、课堂交流、成果展示，培养学生对社会议题评价和决策的能力。此外，教师也可以适时把课堂搬到户外进行，让学生进行实地调查，比如调查癌症的发病率、某个区域的物种丰富度等，让学生切身体会环境与人类的关系，把"绿水青山就是金山银山"的生态意识渗透到教学中，培养学生保护环境的社会责任感。总之，"社会责任"核心素养的培养应主要通过课堂教学来实现，一线教师应尽量使课堂更趋于立体化、生活化和趣味化，更符合学生的认知规律，更有利于"社会责任"核心素养的培养。

"社会责任"核心素养的培养是一个系统的复杂的工程，还需进一步探究。

主动梳理知识，动态构建体系

——减负增效的高中生物课堂教学策略

深圳市宝安中学（集团） 陈福玲

一、高中生物的知识特点、教学困惑与化解策略

当下高中生物教与学中存在的问题或困惑表现之一为：面对零散、繁杂而无序或者逻辑性不强的高中生物知识，教师的课堂教学行为多是简单罗列。为此，我们提出应对与化解当下高中生物学科课堂教学困境的策略：教师授课时，始终要有意识地引导学生在理解的基础上把各个知识点放到主线中相应的位置上，不断动态构建自己的生物学知识体系，培养多种能力。这样，就算知识点再多，也不是孤立的，都有自己的归属，不会杂乱无章。这就好比学生是一个大货场，学习的过程就好比进货，做题考试的过程就好比拿货。对拿货的要求是快而准，也许是拿一个现成的货品，也许是拿多个货品再进行加工。这就要求货场必须在进货的过程中，始终把货物分门别类整理好，需要时马上准确拿到。

二、课堂教学策略之一——引导学生主动梳理知识

我们在讲授高中生物第一课时，就应该把整个高中生物的清晰主线列给学生，也就是：细胞—个体—种群—群落—生态系统—生物圈。同时告诉学生：高中生物的三本必修教材，就是分别围绕细胞、个体、种群、群落、生态系统、生物圈展开的。必修1的学习内容全部是关于细胞的，必修3的前半部分是关于个体的，必修2和必修3的后半部分是关于种群、群落、生态系统等的生态

知识。这样让学生先有一个总体认识。

在必修2的第一节课，再次呈现高中生物学的主线，同时告知学生整个必修2是围绕生物的遗传、变异和进化展开的。在必修3的第一节课，又再次呈现高中生物学的主线，同时告知学生必修3首先学习生物个体生命活动的调节这一特征，然后是生态知识。这样反复几次，学生学习生物最基本的框架基本就确立了。

接下来在每一个模块的学习中，利用点—线—面—体的三维模式引导学生边学边归纳整理知识，范围从小到大，先是一节的，再是一章的，再到一个模块的，最后是全部内容。笔者以必修3《稳态与环境》第2章《动物和人体生命活动的调节》第1节《通过神经系统的调节》为例，给大家举个例子。

学习必修3第2章第1节时，教师可以引导学生"找出本节的核心专业名词—理解核心专业名词内涵—找出核心专业名词之间的关系—确定核心专业名词所体现的本节的知识点—形成本节的知识框架"。这样通过点到线、线到面的三维立体式教学模式，形成本节清晰的知识脉络（见图1）。

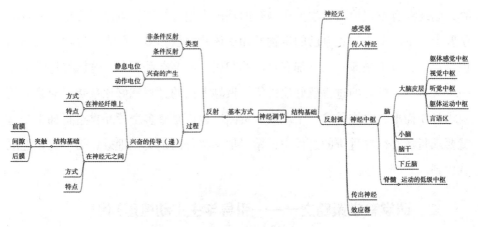

图1　知识脉络图

学习了第2章后，引导学生在回顾整个第1、2章内容的基础上，形成人体内环境与稳态的知识架构图（见图2）。

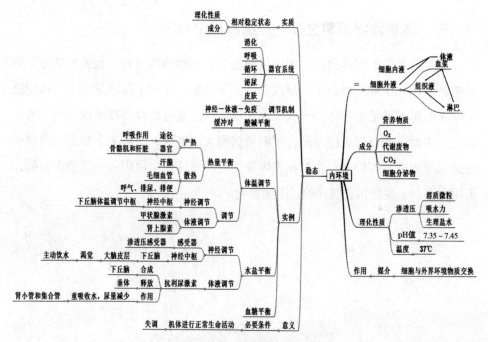

图2 人体内环境与稳态知识架构图

学习了整个必修3后，引导学生在回顾整个必修3内容的基础上，形成必修3的知识架构图。

一轮、二轮的复习，更多的是按照主干知识—各分支—各细节的顺序来进行的，即先呈现各部分的主干知识，然后由各主干知识发散开来，引出相关知识点，再到每个知识点的具体内容。例如，复习必修1时，包括细胞的分子组成、基本结构、代谢、生命历程（见图3）。

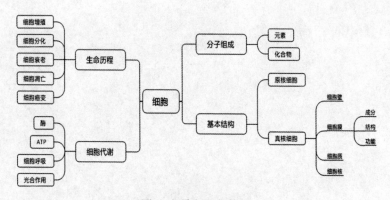

图3 细胞知识架构图

三、课堂教学策略之二——绘制思维导图

在生物教学上制作思维导图应按照先分后总的原则进行，也就是学完一章就把一章的思维导图做出来，形成章节知识体系。等一个模块学完了，再把这个模块的思维导图做出来，形成模块知识体系。复习阶段应按考试大纲、考试说明，先做一张总的思维导图，了解考试的大致范围，掌握主干知识，再做小的思维导图以掌握细节。在制作思维导图时应坚持两个原则：一是能用图的，不用文字；二是能用关键词的，不用整句。

结合电子白板，开展图式教学，提高教学效率

深圳市宝安中学（集团） 甘太祥

学生普遍反映在学习高中生物时困难重重，主要有四个方面：一是概念多，易混淆；二是知识点繁多、杂乱、细碎，难记忆；三是考试图表题多，易失分；四是非选择题答不准，难得分。作为一名生物教师，有什么办法帮助学生解决这些疑难杂症呢？通过教学实践，我发现结合交互式电子白板，开展图式教学，就是一个十分有效的办法。

图式教学是以奥苏伯尔的教育心理学为基础的。奥苏伯尔极力倡导学生的"有意义学习"，其实质是将所学的以符号为代表的新知识，与学习者已有的知识经验建立非人为的、本质的联系。图式教学策略是一种可视化思维工具，它可以形成促进思维发展的引导框架和网络，将解决问题过程中的各种思维结构以各种直观、形象和清晰的结构图示、图表以及符号的方式表现出来，促使学习者整合新旧知识，建构知识网络，浓缩知识结构。它是大脑组织信息的方式，包括概念图、思维导图、维恩图等多种组织形式。

一、用概念图理清概念间的联系

概念图是用来组织和表征知识的工具。它通常是将有关某一主题不同级别的概念或命题置于方框或圆圈中，用各种连线将相关的概念或命题连起来，这样就形成了关于该主题的概念或命题的知识网络，以此形象化的方式表征学习者的知识结构及对某一主题的理解。在新一轮的课程改革中，包括浙科版在内的很多课标教材已经将概念图引入到许多章节的检测中，并明确指出："画概念图是指将一组相关概念用线条和文字连接成图形，直观而形象地表示出这些

概念之间的关系。"并强调"这种方法可以帮助你梳理所学的知识，从而建立良好的知识结构。"同时，生物高考考试说明明确提到："能用文字、图表、图解等形式阐述生物学事实、概念、原理和规律。"通过高考真题我们可以更加直观地看到概念图的重要性。可见，利用概念图组织教学是高中生物教学的必然趋势。

例如，对人教版《从生物圈到细胞》一节教学，可以采用以下概念图教学策略。

第一步：学生阅读教材，找出本节教学中主要的生物学概念。

第二步：教师在打开的思维导图软件（如Mind Mapper）中输入学生找到的概念，如图1所示。

第三步：教师通过PPT课件呈现相关资料和题目，引导学生理解这些概念的内涵。

第四步：利用白板和思维导图软件绘制概念图，构建概念间的联系，如图2所示。

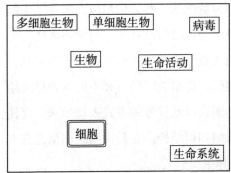

图1　软件输入　　　　　　　　　　图2　绘制概念图

二、用韦恩图区分概念外延

韦恩图，也叫文氏图，即用一条封闭曲线直观地表示集合及其关系的图形。通过韦恩图的展现，学生对课本中的相关概念，特别是相互关系一目了然，便于长久记忆。

对糖类在动植物细胞中的分布，可以用图3所示的韦恩图直观地表示出来，便于学生理解记忆。对酶、蛋白质、激素、脂质的关系，可以用图4表示。

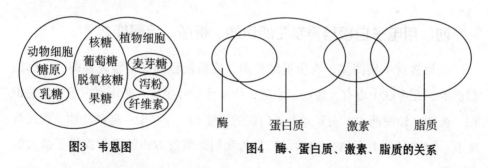

图3 韦恩图

图4 酶、蛋白质、激素、脂质的关系

三、用思维导图构建知识体系

对于生物知识点繁多、杂乱、细碎，难记忆的问题，我们可以用思维导图构建知识点的联系，编织成网，形成系统的知识结构。通过这种方式可以达到记好一个，带动一片的记忆效果。

思维导图（Mind Mapping）是英国学者东尼·博赞（Tony Buzan）在研究大脑的力量和潜能的过程中发明的用图画、代号和连线来表达人的思维过程的一种思维工具。在应用思维导图学习时可使大脑兴奋区域增多，建立多条神经通路，使知识的学习在学生头脑中留下的痕迹深且多，这样学习效果就会提高。

例如，在复习《细胞膜》时，可以用思维导图软件，与学生一起构建思维导图（见图5）。

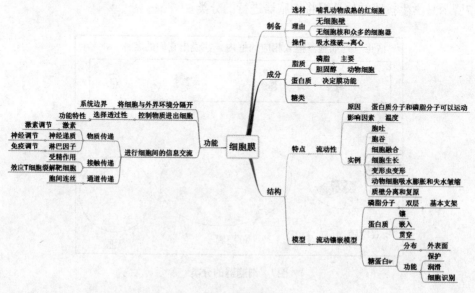

图5 思维导图

四、用电子白板培养学生的识图、析图、绘图能力

生物教材中插图多，有生理结构图、实验流程图、实验装置图、坐标曲线图等，在考试中也有大题的图表题，所以要学好生物，必须要训练学生的识图、析图、绘图能力，交互式电子白板的批注和保存功能、拖放功能、聚光灯工具、放大镜工具及强大的学科工具为我们开展这方面的教学提供了极大的便利。

在《细胞器——系统内的分工合作》一节教学时，以动物细胞为例，我结合电子白板采用了如下的教学方法。

第一步：在白板上投出动物细胞亚显微结构模式图（见图6），使用聚光灯工具和放大镜工具，让学生了解各细胞器在细胞中的位置，区分细胞核和细胞器。

第二步：利用电子白板的批注保存功能让学生写出图中各细胞器的名称和主要功能。

第三步：在白板上给出几种细胞器的图示，利用白板的拖放功能，将它们按要求进行分类。如图7所示是学生按膜结构情况将细胞器进行的分类。

图6　动物细胞亚显微
结构模式图

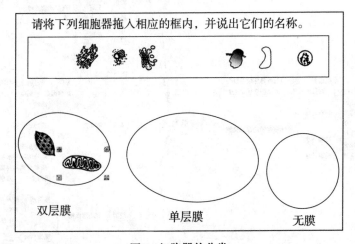

图7　细胞器的分类

五、用思维导图训练解题思维

很多学生一旦遇到综合性强的题目就会觉得很难，特别是一些非选择题，难以得高分，主要原因是学生没有形成正确的解题思维。

例题：请根据有关材料，分析回答下列问题。

（1）为获得纯净的细胞膜，应选取_____做实验材料。选用该材料的原因是_____。

（2）有人发现，在一定温度条件下，细胞膜中的磷脂分子均垂直排列于膜表面。当温度上升到一定程度时，细胞膜的磷脂分子有75%排列不整齐，细胞膜的厚度变小，而膜的表面积扩大，膜对离子和分子的通透性提高。对上述实验现象的合理解释是_____。

（3）图8中图甲表示小肠上皮细胞亚显微结构示意图，图乙表示膜蛋白的功能。请据图回答下列问题：

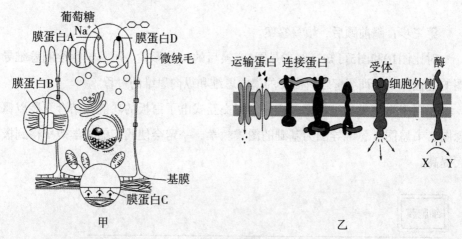

图8 例题图

① 该细胞不同表面执行不同的功能，且具有高度的极性。从质膜的成分分析，出现这一现象的原因是_____。

② 膜蛋白A要消耗主要由图中的_____（结构）产生的ATP，以_____方式吸收葡萄糖。细胞面向肠腔侧形成很多微绒毛，以增多细胞膜上_____数量，高效地吸收来自肠腔的葡萄糖等物质。

这道题的正确解题思维应该是这样的：

第一步：横向思维，全面分析。

通过审题，弄清题目考查范围。不难看出：①小题考查细胞膜的制备；②小题考查细胞膜的结构；③小题第1问考查细胞膜的组成成分，第2问考查细胞膜的功能。

第二步：纵向思维，深入思考。

根据思维导图（见图9），从制备、结构、成分、功能四个方向回顾所学内容，形成答案。

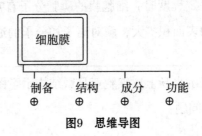

图9　思维导图

第三步：瞻前顾后，填写答案。

对比图10和图5可知，图10是图5变换后的一种形式。可见学生绘制思维导图的过程，就是训练解题所需的横向思维和纵向思维的过程。

在高中生物教学过程中，充分发挥交互式电子白板的功能，结合开展以概念图、韦恩图、思维导图为基础的图式教学，一定会使我们的教学效率得到极大提高。

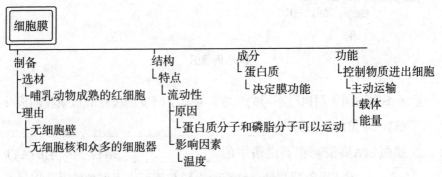

图10　变换后思维导图

〔2014年获得中国教育学会生物学教学专业委员会中南六省（区）生物教学研讨会论文评比一等奖和广东省中学生物教学论文与教学设计评比一等奖，被收录到广东教育学会中学生物教学专业委员会编、广东音像教材出版社出版的《广东省中学生物教学成果精品（2015）》中〕

充分利用教材资源，培养学生探究能力

深圳市宝安中学（集团） 甘太祥

倡导探究性，培养学生的探究能力。这是2017年高中生物课程标准提出的基本理念，也是高中生物教学的重要任务。为实施这一理念，在人教版课标实验教科书《分子与细胞》中增设了一些探究实验课题。教材是教师教学的重要资源，在教学中教师应充分利用这些资源来培养学生的探究能力。下面举两例来说明我的做法。

一、探究环境因素对光合作用强度的影响

教科书第105页给出了一个探究光照强度影响光合作用强度的案例。为了更进一步地培养学生的探究能力，在学生实验探究前，我先让学生思考以下问题：

我们能不能用这个实验的有关知识，来探究温度和CO_2浓度对光合作用强度的影响？如果能，应对这个方案做怎样的改动？

学生经过分组讨论，很快找到了答案：能够用这种方法探究温度和CO_2浓度对光合作用强度的影响，并提出了如下方案。

1. 探究温度对光合作用强度的影响

（1）取3个小烧杯，各倒入20mL清水，将温度分别调到20℃、40℃和60℃，再向其中吹气，使之富含二氧化碳。

（2）将内部气体逸出的小圆形叶片分成3组，每组10片，分别放入3只烧杯中。然后用台灯在同一距离分别照射这3只烧杯。

（3）观察并记录同一时间段内各烧杯中小圆片浮起的数量。

2. 探究CO_2浓度对光合作用强度的影响

（1）取2只小烧杯，各倒入20mL清水，向其中一个烧杯吹气，使之富含二氧化碳，另一个不吹气进行对照。

（2）将内部气体逸出的小圆形叶片分成两组，每组10片，分别放入两个烧杯中。然后用台灯在同一距离分别照射这两只烧杯。

（3）观察并记录同一时间段内各烧杯中小圆片浮起的数量。

学生写好实验方案后，我让他们在实验课上按他们的方案进行实验，学生兴趣浓厚。经过实验，他们亲眼见证了预期的实验结果，十分高兴。

二、探究酵母菌细胞呼吸的方式

"探究酵母菌细胞呼吸的方式"这一实验（教科书第92页），是为了探究生物呼吸作用的类型。在实验后，我让学生思考这个实验设计有哪些不严谨的地方。学生经过讨论后指出了两个不够严谨的地方。

一是有氧呼吸的装置通气一段时间后，右边澄清的石灰水很快变混浊，这说明有CO_2，但CO_2可能是酵母菌在有氧条件下产生的，也可能是空气中的CO_2没有被NaOH完全吸收而剩余的。为此我进一步要求学生提出改进的办法，学生提出了如下方法：在装NaOH溶液与装培养液的两个烧瓶之间多加一瓶澄清石灰水，以检验NaOH对CO_2是否吸收完全。（见图1）

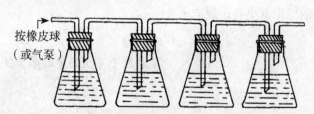

按橡皮球
（或气泵）

（图中从左至右依次为：10%的NaOH、澄清石灰水、酵母菌培养液、澄清石灰水）

图1　实验图1

二是本实验是为了探究生物呼吸作用的类型，但在这个实验中我们只用了酵母菌这一种生物进行实验，其他生物是否也有两种呼吸作用的方式呢？所以从实验设计的可重复性原则来看，这个实验还不够严密。于是我提出：如果要增设用黑藻和小白鼠进行这一实验，应如何操作？

经过我和学生的共同探讨，提出了如下改动办法。

1. 用黑藻进行实验

用黑藻进行实验时：将酵母菌培养液的烧瓶改装黑藻，为排除光合作用对这个实验的干扰，还要使其不透光（见图2）。

我进一步提出："如何使其不透光呢？"学生提出：可用不透光的玻璃瓶进行实验，也可以用不透光的纸把烧瓶包起来或者将烧瓶壁用黑色颜料涂黑（见图2）。

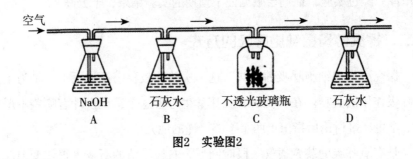

图2　实验图2

2. 用小白鼠进行实验

用小白鼠进行实验时：将装酵母菌培养液的烧瓶改装小白鼠就行了。

也可参照这些方法，对无氧呼吸实验进行改进。这样我们就利用真菌、植物、动物多种生物进行了实验，而且都有两种呼吸方式，这样得到生物有两种细胞呼吸方式的结论就更有说服力了。

（发表于《生物学教学》2006年第7期）

利用科学史开展教学应还原科学发现的本真过程

——以DNA半保留复制方式的发现为例

深圳市宝安中学（集团） 甘太祥

我国普通高中生物课程标准实施的核心任务是倡导学生学习的自主性、能动性，强调探究性，注重与生活实践相结合，全面提高学生的生物学学科核心素养。那么，如何提高和培养学生的生物学学科核心素养？《普通高中生物学课程标准（2017年版）》给我们指明了其中一个方向："学习生物科学史能使学生沿着科学家探索生物世界的道路，理解科学的本质和科学研究的思路和方法，学习科学家献身科学的精神。这对提高学生的生物学核心素养是很有意义的。"由此可见，科学方法教育是提高和培养核心素养的一个重要方面，引导学生学习生物科学史是提高和培养学生核心素养的一条重要途径。因此，笔者将从应用生物科学史开展高中生物科学方法教育的角度，以还原科学本真、提高学生核心素养为落脚点展开初步探究。

下面以DNA半保留复制方式的发现为例加以说明。

人教版高中生物必修2把《DNA的复制》中的"DNA半保留复制的实验证据"列为选学内容，但该实验内容对培养学生的科学思维、科学精神、科学素养有着重要的意义，且是学生深刻理解DNA复制的强力支撑点，笔者建议教师应尽量拓展本选学内容的教学。

由于教材中对DNA复制方式的推测只给出了半保留和全保留两种方式（未提及弥散复制），在呈现DNA半保留复制的实验证据时是以验证实验的形式展现的，且对整个实验过程和结果的描述较为简单，缺乏科学家探索过程的相关内容。因此，学生在学习本节内容时经常会产生以下疑问：

疑问1：研究DNA复制方式是全保留还是半保留方式，用同位素^{15}N标记后观察放射性就可直接判断，为什么还要进行密度梯度离心？

疑问2：利用密度梯度离心分离后的DNA带，科学家是通过什么方法确定"重带""中带""轻带"所在的位置的？

疑问3：大肠杆菌培养一代即可根据实验结果推出是全保留或是半保留复制方式，为什么还要再培养一代进行观察？

教师在教学过程中可充分利用科学史，还原科学家的探索历程，从根本上解决学生的疑问。

DNA半保留复制方式是米西尔逊（Meselson）和斯塔尔（Stahl）通过实验证明的。当时，人们对DNA复制方式的预测，除了教材提及的两种方式外，还有"弥散复制"。这两位科学家是如何攻破这一难题的呢？

他们的思维是：要分析DNA的复制方式，关键是要区分亲代与子代的DNA。受到利用密度差异可以将"老"的蛋白质和新合成的蛋白质区分开的启发，他们考虑用密度差异将亲代与子代DNA分开。

如何使亲代和子代DNA的密度不同呢？他们在查阅文献时得知胸腺嘧啶的类似物——5-溴尿嘧啶（5-bromouracil，5-BrU）能够代替T参与到正在合成的DNA分子之中，而含有5-BrU的DNA要比含有T的DNA重得多。于是，他们考虑使用5-BrU重标记DNA来验证DNA半保留复制的可能性。因为需要超离心技术，他们认识了Caltech的超离心技术奇才Jerry Vinograd，并学会了如何操作当时最先进的超离心机。在Vinograd的悉心指导下，Meselson开始尝试用7mol/L的CsCl重盐溶液来沉降DNA。经过实验，在高速离心场下，一种盐密度梯度很快就形成了，而且DNA迁移到与其等密度的区域，形成很窄的条带。于是有关密度梯度离心的概念就被Meselson提出来了。

由于担心5-BrU能诱发DNA突变而对细胞产生毒性，以及能否获得标记的均一性的问题，两位科学家决定使用^{15}NH$_4$Cl作为唯一N源的合成培养基去培养大肠杆菌以获得被^{15}N标记的重标记DNA。他们首先将大肠杆菌放在^{15}NN$_4$Cl培养基中连续培养十几代，得到了几乎都被^{15}N标记的大肠杆菌

DNA；然后，随着细菌的指数生长，用10倍过量的$^{14}NH_4Cl$稀释培养基。实验期间，他们在不同时段将DNA从细菌中抽取出来，并使用CsCl密度梯度离心的方法进行分析。

^{15}N和^{14}N都没有放射性，因此不可能通过检测放射性来推断结果。那么，如何观察密度梯度离心后DNA带的位置呢？他们采用了拍摄紫外线吸收照片和显微密度计测定的方法，如图1所示。

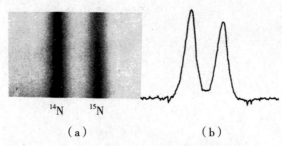

（a）^{15}N-DNA和^{14}N-DNA紫外线吸收照片；
（b）对应的显微密度计测定结果。

图1 测定方法

他们的结果是：起初完全被^{15}N标记的DNA具有单一的条带，而在$^{14}NH_4Cl$培养基中培养的第一代细菌中的DNA的密度介于^{15}N-DNA和^{14}N-DNA之间，为杂交带DNA（$^{15}N/^{14}N$-DNA）。随着杂交带的出现，亲代的条带（^{15}N-DNA）消失了。这样就排除了全保留复制这种方式。而在第二代细菌中，得到几乎等量的^{14}N-DNA和杂交带DNA。随着培养代数的增加，杂交带始终存在，而且它的量维持不变，但^{14}N-DNA的量越来越多。由此可以排除弥散复制，得出DNA复制以半保留的方式进行的结论。为了进一步确认这一点，他们在密度梯度离心之前用热变性处理CsCl溶液中DNA样品（100℃下30min），结果发现：杂交DNA分成了^{15}N-DNA和^{14}N-DNA两条带，进一步证明了DNA是通过半保留方式进行复制的。

在本节课的教学中，笔者通过以上资料来完善和补充科学史，并紧密结合教材，一步步引导学生深刻理解"DNA是半保留复制"这一结论的由来，解开了学生的疑虑，同时提升了学生的科学思维和科学探究能力，培养了学生的科学态度、科学精神、创新意识。笔者认为：应用生物学史开展高中生物科学方法教育时，可多借助有趣的史实还原科学发现的本真过程，增加课堂趣味性；要"以突出科学方法教育为目的，以生物学史的发展脉络为线索，以探究性学习方式组织教学"的设计理念来进行教学设计。

（发表于《中学生物教学》2018年第4期）

高中生物"学术味"课堂的构建思路

深圳市宝安中学（集团） 叶胜林

"学术"，即为"有系统的、专业性很强的学问"，多指高等教育和研究之中的科学论证。

"学术味"是指在研究问题和学习知识的过程中，指导者和学习者共同培育起来的一种民主的、科学的氛围，这种氛围能让人深深地感受到，在学习或是研究的过程中有交流和研讨、有思辨和争论、有感知和省悟，有思想的碰撞、有智慧的火花，有探究新知的强烈欲望，也有产生灵感的思想源泉。

"学术味"课堂，则是指导学生"做学问"的课堂，在课堂教学中通过模拟、创造知识发生过程的初始背景，或通过创设新的问题情境，引入学术化的思维，在民主科学的氛围中，在多向互动的过程中让学生主动生成知识，再现和发展知识的生成过程，并一定程度上延伸出对新知识、新问题的探究兴趣和研究思路。

构建"学术味"课堂，旨在从学科思维习惯上、探索问题的方式上下功夫，有意识地将学术化的思维以深入浅出的引导、生动的例证等手段引入课堂。通过高中生物"学术味"课堂的教学活动，培养学生对生物学乃至自然科学进行深入研究的兴趣，让学生养成良好的科学素养和研究自然科学的学术思维习惯、问题思考方式和多元研究方法等。

高中生物"学术味"课堂的构建是一个不错的研究课题，我校高中生物科组的教师近年来多次提到这个话题，并做了一些有代表性的课例，组内很多教师对这个课题的研究表现出了非常浓厚的兴趣，科组已经准备了相关材料，拟申报为深圳市教育科研课题。作为研究成员之一，我对此课题的研究表现出了非常大的兴趣，并积极参与其中。如何让高中生物课堂富有"学术味"？我们对此问题的深入研究该如何突破？经过思考，我个人认为，本课题研究的主要问题是构建四类课堂。以下是我对这四类课堂构建的基本思路。

一、构建让学生学会科学建模的课堂

建构模型已经在现代社会的科学研究和生产生活中得到了非常广泛的应用。美国迈阿密大学和德国海德堡大学的研究人员在2011年开发出了一种能够帮助人们理解和预测肿瘤生长趋势的数学模型。该模型能够为癌症的治疗设定精确的治疗时间间隔和用药剂量，这种有针对性的治疗方案将能大大减轻患者在治疗过程中所承受的痛苦，也能为医疗人员带来更大的便利。把建构模型引入到生物教学课堂，让生物教学的课堂学术氛围更加浓烈，这也是提高课堂教学效率的一种科学尝试。本课题，我们试图梳理高中生物的教学内容，在选择出的适合建模的教学内容的课堂上让学生依据问题的生物学特征，构建理想化的模型，让学生在模型建构的过程中形成对概念、规律的准确把握和多向发散思维品质的培养。我们将至少在以下五个教学内容上做出积极而细致的探索研究，它们分别是：生物膜的流动镶嵌模型（物理模型）、DNA分子双螺旋结构模型（物理模型）、种群数量增长模型（数学模型）、对照实验设计的模型、高三生物复习的若干解题模型等。在此深入研究的基础上，我们再拓展到生物学科其他教学内容的模型建构上。

二、构建让学生学会模拟（重演）生物学重要结论形成的研究过程的课堂

高中生物学中有很多重要的结论，过去的生物学教学课堂倾向于把这些结论直接告知学生，让他们记住并学会简单应用。实践证明，这种课堂教学是无趣的，也是非常低效的。把科学家们对这些重要结论形成的研究过程做成模拟环境，让学生在这种逼真的模拟环境下重演科学研究和科学思维的过程，学生得到的不仅是对这些结论本身的准确把握，更重要的是他们在这样的学习过程中，获得了严谨的科学态度、缜密的科学思维、科学的研究方法和浓厚的研

究兴趣，进而上升为较高的科学素养。创设这样的学术味很浓的教学课堂，我们的研究思路是，给学生展示一些必要的学习和研究的材料，让他们从中获得与当年研究同一生物学问题的科学家获得的相同材料和信息，这是对研究某一生物学问题让学生和科学家站在同一研究和发现的起跑线上，引导学生发现和思考同样的生物学问题，并尝试问题的逐步解决，通过这种对结论形成过程的模拟，让学生真切地体验科学家的思维历程。让学生通过学习、思考与讨论，做出推测或结论。通过与当年研究同一问题的科学家的思维历程和研究结果的分析对比，使学生产生强烈的情感体验。在这方面，我们拟从以下几个教学内容的教学课堂上进行研究突破，并进一步发展到其他更多的教学内容上，它们是：光合作用的原理（光合作用的探索历程）、DNA是主要的遗传物质（遗传物质的探究历程）、稳态的维持机制（科学家对神经、体液和免疫调节网络的逐步认识）、促胰液素和植物生长素的发现（促胰液素和生长素的发现过程）。

三、构建让学生学会科学研究方法的课堂

生物学教学不仅要教给学生生物科学知识，更重要的是要教会学生获取知识的科学方法。因此，在生物学教学中必须注重渗透科学研究方法的教育，让科学研究方法贯穿整个教学过程。我们认为针对不同的知识选择合适的课堂教学方法可以培养学生不同的学习和研究能力。从教学内容来看，可以把生物学知识和其他自然科学知识一样，区分为本源性知识和派生性知识。本源性知识常常采用以观察、实验为主的探究方法，培养学生的观察能力、实验能力、分析归纳以及独立思考能力；派生性知识一般采用以讲授为主的教学方法，如讲授、讨论、自学的方法，培养学生推理能力、演绎能力、抽象思维能力和利用旧知识获取新知识的能力。本课题，我们结合高中生物学核心知识的特点和我们研究者自身擅长的方面，拟对以下几种方法展开深入的研究。

1. 假说—演绎法

假说—演绎法是现代科学研究中常用的一种科学方法。它是指在观察和分析的基础上提出问题以后，通过推理和想象提出解释问题的假说，根据假说进行演绎推理，再通过实验检验演绎推理的结果。如果实验结果与预期结果相

符，就证明假说是正确的，反之，则说明假说是错误的。具体可细分为六个步骤：观察现象、提出问题、做出假说、演绎推理、实验验证和得出结论。我们将分别在分离定律、自由组合定律和基因在染色体上三个教学内容上做出课堂尝试并不断完善，进而延伸。

2. 归纳法

归纳法是通过许多个别的事例或分论点，然后归纳出它们所共有的特性，从而得出一般性结论的方法。归纳法贯穿的课堂是在深入研究文献资料的基础上归纳概念的课堂。我们在本课题中计划对以下教学内容的课堂教学做归纳法贯穿的研究尝试：酶的特性、有丝分裂和减数分裂、细胞生活的环境、生态系统的信息传递。

富有学术味的生物教学课堂所使用的科学研究方法绝对不是单一的，它需要把各种科学研究方法有机地结合到具体的教学内容上，只有这样才能收到良好的课堂效果。

四、构建以研究性学习为主导的生物学教学课堂

苏霍姆林斯基说过，"研究性学习是指学生在教师的指导下，以类似科学研究的方法去获得知识和应用知识的一种学习方式。"我们把研究性学习的模式和理念有选择地切换到高中生物的课堂教学上，收效是可以预期的。我校高中生物教师近几年来在这方面做了一些很好的尝试，这为我们下一步的研究打下了较为扎实的基础。我们坚信："学生在研究状态下的学习是最有效的学习，教师在研究状态下的工作是最有效的工作。"这也是我们研究这个课题的全体教师的共识。我们计划在以下三个方面做一些理论探究，并让每项探究形成不少于3个教学案例的支持。

1. 实验环境下的研究性课堂

生物科学是在观察和实验的基础上建立起来的一门自然科学。完成教材设计好的实验，培养学生的动手能力，指导学生认真观察实验过程中出现的现象，及时发现实验过程中出现的诸多问题，引导他们解释实验现象，鼓励他们自己找到实验过程中出现问题的科学根源，理论上求得科学的解释，实践上要

提出解决问题的办法。实验环境下的研究性课堂还有一种形式，那就是设计实验。在掌握实验设计基本方法的前提下，鼓励创新实验。比如，对照实验设计，我们通过大量例证，让学生深刻地认识到它的四个步骤：分组编号、自变量处理、培养（或饲养）一段时间、因变量检测。在掌握科学实验设计的基本方法或流程后，我们需要在不同的具体的实验设计中注入更多的培养思维品质的元素，如实验材料的选择（如验证甲状腺激素促进幼小动物的个体发育，实验动物为什么不选择小鼠而选择蝌蚪？）、无关变量的控制（"相同且适宜"，怎样的相同条件？怎样的条件是适宜的？这当中就有很多值得师生共同挖掘和共同思考的东西）、因变量的检测指标（如光合作用强度若是因变量，我们的检测指标是什么？）。

2. 网络环境下的研究性课堂

随着计算机网络技术在学校教育中的广泛应用，基于网络的高中生物教学在有些教学内容上其资源信息多的优势是显而易见的。学生在这样一种新的学习环境下，可以在一定程度上不受时间、空间的限制，自由选择与自己学习内容紧密相关的信息，加快了知识的形成过程，提高了学习效率；加深了对知识的理解，让知识能够更恰如其分地运用到解决实际问题上，从而让学生实现多元化、多层次的自我发展。探索网络环境下的研究性课堂模式，对提高教学效率，实施创新教育有着重要意义。因此，构建研究性学习的网络教学环境，制订灵活的教学实施方案，进行恰当的学习评价，是教师开展基于网络环境下研究性学习的有效方法。

3. 问题情境下的研究性课堂

课堂从问题中展开、让课堂充满问题、课堂于问题中结束、把问题延续到课后。创设富有趣味的问题情境容易迅速把学生的思维吸引过来；课堂上教师不断提出预设的为知识形成服务的问题，同时启发学生在思考预设问题的基础上提出自己的新问题，这是一个注重思考的课堂；课堂于问题中结束，给学生意犹未尽的感觉；把问题延续到课后，实际上就是把思考延续到了课后，这将产生我们意想不到的教学效果。

以上对四类课堂模式的研究，是提高课堂教学效率的迫切需要；四类课堂的摸索构建，是形成高中生物课堂"学术味"的主战场。本文仅仅阐述了个人的一些思路，我们将在研究的过程中不断完善，在具体实施的过程中不断提高。文中不妥之处敬请指正。

（本文已发表于《教学考试》）

高中生物教学问题情境创设探微

深圳市宝安中学（集团） 曾芫

"学起于思，思起于疑。"现代认知心理学研究表明，思维过程首先是解决问题的过程，即思维通常是由问题情境产生的，而且是以解决问题为目的的。学生的学习过程实际上是一个发现问题、提出问题、分析问题、解决问题的过程。高中生物课堂教学过程应该是以不断地提出问题并解决问题的方式来获取生物学新知识的问题性思维过程。教师应该把学习设置到复杂的、有意义的问题情境中，通过让学生合作解决真实性问题来学习隐含于问题背后的科学知识，形成解决问题的技能，并形成自主学习的能力。因此，教师无论是在教学的整个过程中，还是对教学过程中的某些微观环节，都应该十分重视问题情境的创设。创设问题情境的方法灵活多样，教学中可以多方位、多角度地创设合理、恰当的问题情境。

一、利用生物实验创设问题情境

生物是一门以实验为基础的学科，生物实验以其直观性、形象性为学生提供了丰富的感性信息。因此，利用实验内容设置问题情境，可以引导学生通过对实验的观察、研究和分析获得的感性信息去思考问题、探索问题，从而揭示生物学现象的本质，探究生物学规律，同时也培养了学生的创新精神和实践能力。

案例1 在探究"植物是如何吸收水分"时，教师可以给学生做课堂演示实验：取4cm×8cm的萝卜条，从中间切成两条一样大小的"腿"，上部2cm处相连。再取两支大小相同的试管，分别装入等量的清水和浓盐水，但事先并不告知学生试管中的液体是什么。分别将两条"腿"浸在其中，让学生观察两支试管中的萝卜条的变化以及试管中的水位变化。学生发现两支试管中的"腿"及水位发生变化，此时学生急于想知道为什么会发生这种现象。此时教师要利用学生的这种强烈的好奇心，展开进一步的讨论：

（1）两支试管中的"腿"为什么会发生不同的变化？

（2）两支试管中的溶液有区别吗？

（3）哪支试管中溶液的浓度更大？

接着由上述的演示实验引导学生探究植物吸水与失水的本质——植物细胞的吸水和失水与外界溶液浓度的关系，这为之后要讲的植物吸水的原理提供了事实依据。

分析：该案例是在生物教学导入时，针对萝卜条对不同浓度溶液的不同变化，遵循启发性和新颖性原则，设计该实验，采用激趣法和讨论法创设出问题情境。

二、利用生物学历史实例创设问题情境

生物学历史是从辩证唯物主义和历史唯物主义的观点出发，对生物科学的产生与发展做出的科学总结，是生物科学家思维的结晶。生物学历史实例能够将知识传授、能力培养和情感发展三方面教育融合起来，很好地体现生物学科的特点和素质教育的要求。

在现行新教材的教学中，要充分发挥生物学历史实例的教育作用，除了利用生物学史的"故事性"培养学生的学习兴趣，利用生物学家的生平和事迹对学生进行科学精神和价值观的教育之外，还应联系如"酶的发现""光合作用的发现""生长素的发现""DNA是遗传物质的实验"等历史实例，创设合理的问题情境，使学生情感活动与认知活动相结合，让学生体验生物学知识的形成过程，从中学习科学家的思维方法和理解生物学概念、原理的来龙去脉。

三、利用生活中的实际问题创设问题情境

案例2　在《生命的物质基础》一课中，真实、生动、具体的病例，无疑是进行各种化合物功能情境教学的重要材料。在教学中可以让学生自己挖掘存

在于他们身上或他们亲人身上的功能失调性疾病，讲出他们的亲身经历或亲眼所见，有效地应用病例，联系教材内容有针对性地提出有价值的思考题，让学生进行分析与讨论。学生所讲的实际情况可能错综复杂，要创设为课堂教学情境，需经适当的分析与加工，去粗存精，抓住问题的本质。可以这样提问的方式使用相关病例："人体缺Fe或缺Zn时会出现什么症状？""老年人容易发生骨折，这是因为骨质发生了什么变化？这主要是由于缺少哪种无机盐引起的？""在临床上，医生经常给病人输入葡萄糖液，这样做起什么作用？为什么？"

四、利用新旧知识的联系创设问题情境

根据奥苏伯尔的认知同化理论，任何一个新知识均可以通过上位学习、下位学习、组合学习，设计恰当的先行组织者，寻求它与旧知识的联系作为新概念的增长点，促进新知识的学习。可见在教学中，利用学生原有知识来创设问题情境，有助于学生积极主动地学习，促进思维的敏捷性和创造性。

案例3 在学习"生态系统"之后，教师可设计下列讨论题：从生态学角度看，如何实施可持续发展战略？学生通过思考一气呵成：控制人口数量、提高人口素质、合理利用动植物资源、保护环境、防治污染、植树造林、通过生物工程寻求新资源、改良新品种、农业生产工厂化，等等。经常进行扩散和列举训练，学生的思维会越来越活跃和开阔，长此以往，教师的问题一提出，学生就会思如泉涌。

五、利用日常观念和科学概念的矛盾创设问题情境

在讲授"生物的新陈代谢类型"时，学生中普遍存在"微生物都是寄生和腐生"的思维定式，这时可举硫细菌、铁细菌、硝化细菌的代谢类型的例子来破除定式。又如讨论"温室效应对人类的影响"，大多数学生由于媒体宣传造成的定式心理，往往从不利的角度着眼，这时可建议学生反方向思考：温度升高，海水蒸发加快，大气湿度增加，沙漠是否会变成绿洲呢？

六、利用直观模型创设问题情境

生物教学中的实物主要有模型、标本、图片、图表等，在教学过程中可以通过展示实物来创设教学情境。

案例4 教师在讲授DNA分子的结构时，如果条件允许，可以给学生展示自制的DNA双螺旋结构模型。在学生仔细观察时给出一定问题让学生思考：

（1）DNA分子由几条链构成？

（2）每条链由哪几种结构的物质构成？

（3）DNA分子的基本结构单位由哪几部分组成？

分析： 该案例采用了直观教学法，以实物展示为引课方式，激发起学生的学习兴趣，遵循了启发性和新颖性原则。

七、利用现代教育技术创设问题情境

生物学研究的领域包括宏观和微观两大方面。教学中合理使用多媒体技术，可以化微观为宏观、化抽象为具体、化静态为动态，从而帮助学生更好地理解那些静态的、抽象的或微观的生物学知识。此外，利用现代多媒体技术，把生动的动画、图像和清晰的文字注解有机地结合并显示在屏幕上，也更能激发学生的学习兴趣，调动学生的积极性，优化教学过程，提高课堂效率。

案例5 在学习《DNA是主要遗传物质》一节时，教师首先播放"噬菌体侵染细菌"的Flash动画，引导学生仔细观看动画，思考：

（1）噬菌体进入细菌是DNA还是蛋白质？

（2）科学家有什么证据证明只有噬菌体DNA进入细菌，而蛋白质外壳却留在外面？

（3）决定生物遗传现象的是亲代噬菌体的DNA？还是蛋白质？还是两者均有？

分析： 该案例遵循了顺序性和启发性原则，让学生带着明确的探究目标，在问题的引导下，运用原有知识构建新的知识。

以上虽然把创设问题情境的手段进行了不同的分类，但在实际运用上却是"我中有你，你中有我"，即教学中教师要综合采用多种手段，力图达到最佳教学效果。

　　落实新课标理念，培养学生的创新意识和实践能力是高中课堂教学的终极目标。而这一目标的实现得益于学生问题意识的培养，创设合理的问题情境正是培养学生问题意识和探究能力的有效途径。良好的问题情境应该遵循针对性、启发性、适度性、顺序性和新颖性的原则，以雄厚的理论为基础，灵活运用多种教学手段。创设问题情境的方法非常灵活多样，实验、生物史、趣闻等都可以作为创设的基本素材。根据学生的认知特点，结合教学内容可以多方位、多角度地创设合理、恰当的问题情境。创设合理的问题情境既需要教师在备课时根据教学目标和教材内容精心设计，又要求教师在上课时能随机应变，收放自如。所以，问题情境的创设，也向教师提出了更高的要求。

实践篇

基于整体性课堂构建的教学设计

——以《通过神经系统的调节》复习课为例

深圳市宝安中学（集团） 陈福玲

一、设计理念

根据新课标的教学理念，知识本身是一个完整的系统，教学的要义不在于将一个个零散的知识点传授给学生，而是要注重知识的整体联系，让学生完成学科知识体系的构建和学科思想的学习。本节复习课以学生固有的知识为基础，按照人类认识世界的基本思维模式，先从整体出发，唤醒学生对神经调节的整体认识；然后从重要的专有名词入手，理解概念，再找出概念之间的内在联系，即知识点，再把相关知识点形成知识体系，从而构建一个"整体—局部—整体"的复习教学模式。

二、教材分析

《通过神经系统的调节》是人教版高中生物学教材必修3第2章第1节的内容，与第1章《人体内环境与稳态》内容联系紧密，从神经系统的角度说明了内环境稳态究竟是如何维持的，与后面的第2节和第4节共同构成机体维持稳态的主要调节机制——神经—体液—免疫调节网络。

三、学生分析

学生已在高二上半学期学习过这部分内容，具有一定的知识储备，但由于本节课内容难度大，不排除有遗忘、混淆概念、条理不清及理解不透等问题。

希望通过本节课的复习，让学生在原来知识掌握的基础上，各个教学目标的完成都能更进一步。

四、教学目标

1. 知识

概述神经调节的基本方式、结构基础，说明兴奋在神经纤维上的传导和在神经元之间的传递，概述神经系统的分级调节和人脑的高级功能。

2. 能力

通过让学生找重要的专有名词、归纳知识点、构建知识体系等，培养学生分析、理解、归纳等能力。通过本节课的学习，培养学生"整体—局部—整体"的思维能力。

3. 情感态度与价值观

通过利用电学原理分析膜电位变化等，让学生对学科之间相互渗透有感性认识，从而理解唯物主义普遍联系的观点。

五、教学过程

1. 创设情境，问题导入

以学生能健康地坐在教室学习为情境，让学生回忆第1章的内容，同时提出问题："即将复习的第2章与第1章有什么关系？第2章第1节与后面几节又有什么关系？"

设计意图：注重引导学生把握前后知识的内在联系。

2. 从整体回顾神经调节的知识

观看炎热环境和寒冷环境中测得的人的体温基本不变的实验视频，让学生回忆原因，从整体上把握神经调节的知识——通过神经系统的调节，可以让机体内环境的理化性质，如温度等，维持相对稳定的状态，即内环境稳态，从而为机体进行正常生命活动提供必要的条件。同时向学生抛出问题"神经系统是如何让人的体温保持恒定的呢？"

设计意图：基于系统论"整体大于部分之和"的思想，生物课堂教学应让学生"先见森林"，对授课内容有一个整体把握。

3. 找重要的专有名词，以重要的专有名词为突破口

在学生认同教师分析的本节课内容"难度大，概念多，不易理解"的基础上，让学生边回忆边找出本节课的重要的专有名词，教师在黑板左边板书学生回答的重要的专有名词。这里可采用学生按座位顺序依次回答的方式，全员参与。对"何为重要的专有名词"，有的学生也许不能准确把握，这时需要教师不断引导他们辨识，同时还要让学生弄清这些重要的专有名词的内涵。

设计意图：本节课内容难度大，主要是因为概念多且不易理解，又易混淆，本节复习课选择从概念入手。同时学生答、教师写、大家辨（辨所答是否为重要的专有名词），师生互动，课堂充满活力。

4. 找重要的专有名词之间的内在联系，复习相关知识点

在理清、理解重要的专有名词的基础上，引导学生回答黑板上哪些重要的专有名词彼此有联系、能体现本节的什么知识点。这里可以采取学生分组讨论、依次派代表回答、教师在黑板右边板书相关知识点的方式，同时对很重要又很难的知识点，如兴奋在神经纤维上的传导和在神经元之间的传递，让学生到黑板上画出相关示意图并讲解。在整个过程中，教师让学生进行评价，对答得好的学生适时肯定。学生需注意教师在板书的时候，要根据知识的内在联系，有意识地合理布局各个知识点的位置，便于后面的归纳总结。

设计意图：通过寻找重要的专有名词的联系，把重要的专有名词这样的"点"串成相关知识点这样的"线"，达到通过重要的专有名词复习相关知识点的目的。同时即时、即地、即兴地评价，唤起学生的主体意识。

5. 找知识点之间的内在联系，形成清晰的知识脉络

接下来让学生根据右边板书的内容，思考并回答这些知识点之间有什么内在联系，从而对本节内容有一个整体的、宏观的把握。

设计意图：通过点到线、线到面，形成清晰的知识脉络，构建一个三维立体教学模型。

六、教学反思

这是一节难度较大的复习课，概念多、易混淆，所以教师应选择从概念入手。在学生有整体认识的情况下，通过重要专有名词，回顾相关知识点，再理清相关知识点的内在联系，这样就形成了从整体到局部，再从局部到整体的"整体—局部—整体"复习教学模式，收效会比较好。

新课改强调教学中要充分发挥学生的主体作用、落实学生的主体地位，这是尊重教育规律的体现，但这丝毫不否定教师的作用。相反，从某种意义上说，学生怎样真正实现主体参与，不仅取决于将课堂还给学生，而且在于教师如何成功地发动、组织、引导和帮助学生。以学生为主体的教学，在组织教学、驾驭课堂、适时点拨引导、激发学生学习热情等方面，都对教师提出了更高要求。本节课是一节充分发挥学生主体作用的复习课，整节课全班学生基本处在不断思考、不断回答、不断辨析、不断提升的状态中。但教师的作用也是非常明显的，不断设问、不断板书、不断引导、不断调控……任何一个环节都离不开教师。由于师生双方都能相互交流、相互沟通、相互启发、相互补充，使学生真正成为学习的主人，教师也充分发挥引领的作用。这节课很好地实现了教学相长，学生学习积极性得到充分调动，多种能力得到培养，课堂教学焕发出无限生机。

应用交互式电子白板及思维导图
进行"细胞膜"的复习

深圳市宝安中学（集团） 甘太祥

人教版高中生物学教材中，涉及"细胞膜"的知识点有细胞膜的制备、细胞膜的组成成分、细胞膜的结构和细胞膜功能等，这些内容分布在必修1第3章第1节、第4章第2节，并与必修3"人和动物生命活动调节"有关联。在高三复习教学中，围绕"细胞膜"这一主题，将这些分散的知识点通过联系与整合，使之系统化，可以让学生抓住重点，提升理解力及学习能力，提升问题分析与解决能力。笔者在"细胞膜"的复习中，以细胞膜的"制备—成分—结构—功能"为线索，运用交互式电子白板及思维导图开展教学，让学生将所学知识联系起来，形成一个有利于记忆的图式，较好地培养了学生的逻辑思维能力，并提高了复习效率。

一、细胞膜的制备

1. 设问并展示"细胞膜"的知识点

教师提问：今天我们复习"细胞膜"，请回忆，我们学过有关"细胞膜"的哪些知识？根据学生的回答，在电子白板上利用MindMapper逐步展示"细胞膜"知识点思维导图（见图1）。

图1 "细胞膜"知识点思维导图

2. 学生练习1

让学生完成下列有关"细胞膜制备"的题目：

（1）应选取人的哪种细胞做实验？（　　　）

A. 成熟的红细胞 　　　　　　　　B. 神经细胞

C. 白细胞 　　　　　　　　　　　D. 口腔上皮细胞

（2）将选取的上述材料放入＿＿＿＿＿＿中，一段时间后细胞将涨破；再经过＿＿＿＿＿＿，将细胞膜的成分分离、提纯。

3. 设问并呈现思维导图

教师提问：为什么选用人体成熟的红细胞，不用其他动物细胞？为什么不用成熟的筛管细胞？在电子白板上呈现"细胞膜的制备"思维导图（见图2）。

图2　"细胞膜的制备"思维导图

设计意图：先做题后归纳，既提高了学生的解题能力，又让学生学会归纳总结，构建知识体系。

二、细胞膜的成分

1. 设问

教师提问：

（1）19世纪末，欧文顿曾用500多种化合物，进行过上万次的实验，发现脂溶性物质更易通过细胞膜，据此他得出了什么结论？依据什么原理？

（2）细胞膜上还有什么物质？得出这些结论只是推测，如何进行化学分析，得出结论？

2. 学生练习2

让学生完成下列有关"细胞膜成分"的题目：

（1）将提取的纯净的细胞膜与＿＿＿＿＿＿＿试剂混合，溶液变成了＿＿＿＿＿，说明细胞膜中含有蛋白质。

（2）为了探究细胞膜是否含有磷脂，学习小组进行了如下的实验：

① 用胰蛋白酶消化贴壁细胞，制备单细胞悬液，并做适当稀释；

② 加入适量的0.4%台盼蓝，并混合均匀；

③ 显微镜下观察，分别计数活细胞和死细胞；

④ 加入适量磷脂酶；

⑤ 再次计数活细胞和死细胞。

实验分析：染成蓝色的是_____（活/死）细胞。这一结果说明了细胞膜具有_____性，体现了细胞膜的_____功能；如果步骤⑤计数的死细胞明显比步骤③多，说明组成细胞膜的成分中有磷脂，得出这一结论的依据是酶具有_____性。

3. 总结并呈现思维导图

让学生总结"细胞膜成分"的知识要点，教师呈现"细胞膜的成分"思维导图（见图3）。

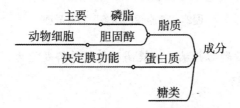

图3 "细胞膜的成分"思维导图

设计意图：不仅教学生知识，还要教学生知识形成的过程和方法。

三、细胞膜的结构

1. 设问

教师提问：组成细胞膜的磷脂分子在空间上是如何排列的？

2. 学生练习3

让学生完成下列题目：

（1）（有关组成细胞膜的磷脂分子分布）单层磷脂分子铺展在水面上时，亲水端与疏水端排列是不同的，搅拌后形成双层磷脂分子的球形脂质体。①请在图4中画出磷脂分子铺展在水面上的示意图；②请在图4中画出球形脂质体中磷脂分子排列的示意图。

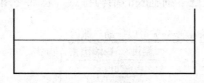

图4　练习3图

（2）某研究小组发现植物种子细胞以小油滴的方式贮存油，每个小油滴都由磷脂膜包被着，该膜最可能的结构是（　　　）。

A. 由单层磷脂分子构成，磷脂的尾部向着油滴内

B. 由单层磷脂分子构成，磷脂的头部向着油滴内

C. 由两层磷脂分子构成，结构与细胞膜完全相同

D. 由两层磷脂分子构成，两层磷脂的头部相对

3. 设问

教师提问：组成细胞膜的蛋白质又是怎样分布的呢？

4. 学生练习4

让学生回答下列有关"细胞膜结构模型"的问题：

1959年，罗伯特森在电子显微镜下看到了细胞膜呈现清晰的暗—亮—暗三层结构，于是提出生物膜是由"蛋白质—脂质—蛋白质"三层结构构成的。但不少科学家对这一模型提出了质疑，为什么？

请据图5回答：①人、鼠细胞膜蛋白最终均匀分布的原因是什么？②若适当降低温度，细胞膜蛋白最终均匀分布所用的时间会怎样？③细胞融合利用了细胞膜的什么特点？你还能列出哪些实例利用了该特点？

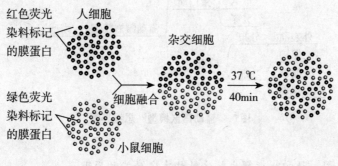

图5　练习4图

5. 小结并呈现思维导图

师生一起小结并呈现"细胞膜的结构特点"思维导图（见图6）。

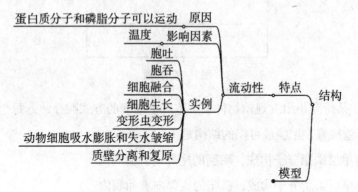

图6 "细胞膜的结构特点"思维导图

6. 学生练习5

让学生完成下列有关"细胞膜的流动性"的题目：

下列过程中，不直接依赖细胞膜的流动性就能完成的是（　　　）。

A. 胰岛B细胞分泌胰岛素　　　　　　B. 吞噬细胞对抗原的摄取

C. mRNA与游离核糖体的结合　　　　D. 植物体细胞杂交中原生质体融合

7. 描述模型并呈现思维导图

让学生描述流动镶嵌模型的主要内容，教师呈现"流动镶嵌模型"思维导图（见图7）。

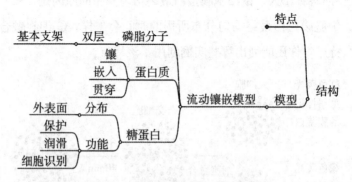

图7 "流动镶嵌模型"思维导图

设计意图：让学生理解生物体结构决定功能的原理。

四、细胞膜的功能

1. 回顾并呈现思维导图

让学生回答细胞膜的功能，教师呈现"细胞膜的功能"思维导图（见图8）。

系统边界　　将细胞与外界环境分隔开

功能特性　选择透过性　控制物质进出细胞　　功能

进行细胞间的信息交流

图8　"细胞膜的功能"思维导图

2. 巩固：学生练习6

让学生完成下列有关"细胞膜功能"的题目：

（1）（双选）图9（a）为生物膜的流动镶嵌模型及物质跨膜运输示意图，其中离子通道是一种通道蛋白，允许适当大小的离子顺浓度梯度通过；图9（b）表示磷脂在细胞膜内外两侧分布的百分比。请据图分析下列叙述正确的是（　　　）。

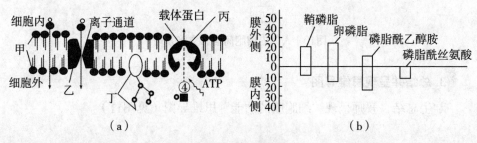

（a）　　　　　　　　　　　　　　（b）

图9　练习6图

A. 图9（a）所示生物膜最可能是细胞膜

B. 物质通过离子通道需要消耗ATP

C. 由图可知，膜脂和膜蛋白在细胞膜上的分布是不对称的

D. 丁的基本组成单位是氨基酸

（2）下列关于细胞膜的流动性和选择透过性的叙述不正确的是（　　　）。

A. 流动性的基础是组成细胞膜的磷脂分子和蛋白质分子大多是流动的

B. 选择透过性的基础是细胞膜上的载体蛋白和磷脂分子具有特异性

C. 细胞的胞吞和胞吐体现了细胞膜的流动性

D. 钾离子通过主动运输的形式进入细胞体现了细胞膜的选择透过性

（3）图10为人体内细胞间信息交流方式的示意图，请据图回答问题：

①在A、B、C三种方式中，靶细胞对信息的接受具有相似的结构基础，即_____，其化学成分为_____，因其具有特定的空间结构而有特异性。

②A、B、C三种方式中，能表示脂肪细胞接受胰高血糖素的是_____；表示T淋巴细胞介导细胞免疫的是_____；肉毒杆菌通过抑制某种神经递质的作用而导致肌肉松弛，其中神经递质作用的方式是_____；高度紧张时心肌细胞收缩加速，其中信息传递的方式是_____。

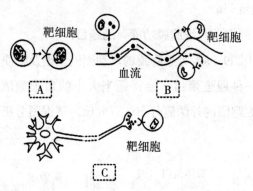

图10　人体内细胞间信息交流方式

3. 总结并呈现思维导图

学生总结，教师呈现"细胞膜的功能"思维导图（见图11）。

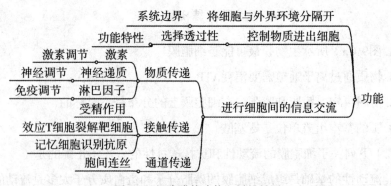

图11　"细胞膜的功能"思维导图

设计意图：强化概念教学，注重概念之间的比较；将必修3中与这一内容有联系的知识点纳入进来，让学生学会运用知识、整理知识，提升综合应用能力。

五、总结回顾

教师用思维导图展示"细胞膜"的知识框架图（见图12），让学生回顾相关知识要点。

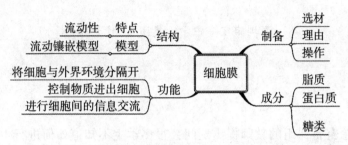

图12 "细胞膜"知识框架图

六、教学反思

本节课的教学，为将"生物的结构与功能相适应"这一生物学核心思想落到实处，让学生分析罗伯特森提出的"蛋白质—脂质—蛋白质"三层结构模型的不足之处，使学生对"生物的结构与功能相适应"这一观点有了具体深刻的理解；作为复习课，将零散、琐碎的知识点进行归纳总结，对教材不同模块及不同章节的内容进行有机整合，体现了较强的综合性；通过问题预设，结合学生练习和合理引导的设计，充分发挥了学生的主体性，使学生在掌握学科基础知识和基本方法的同时，获得了思维品质的提升；此外，合理利用现代信息技术有效地组织生物课堂教学，将交互式电子白板和思维导图软件结合起来，为学生创设了一个轻松愉快的学习环境，从而充分调动了学生的积极性，提高了课堂教学的效率。

（发表于《生物学教学》2015年第6期）

用高考命题思维指导复习备考

深圳市宝安中学（集团） 甘太祥

每年总有备课组的教师提出疑问：很多学生不知道如何进行生物一轮复习、二轮复习。笔者认为，要制订好切实可行的两轮复习策略，首先，要弄清高考怎样考，我们再来确定如何备考。

现行高考依据的是"一核四层四翼"的高考评价体系，凸显必备知识、关键能力、学科素养、核心价值的考查内容，突出基础性、综合性、应用性和创新性的考查要求，彰显素质教育的鲜明导向，体现"立德树人、服务选才、引导教学"的高考核心功能。

高考重在考查学生在新情境下运用所学知识解决问题的能力，学生在备考过程中常常存在一听就懂、一做就错的现象，其关键是不能对所学所知进行迁移运用，这与在复习过程中教师重知识的理解和体系的构建，而对知识在新情境中的应用训练不够有关。

仔细分析，学生在备考中主要存在下列问题：

（1）审题不够细心。

（2）信息捕捉不敏感。

（3）理解题意不够透彻。

（4）解题思路不太清晰。

（5）答题思维不够缜密。

（6）书写格式不规范。

（7）答题步骤不够完整。

（8）题型一变就慌乱。

一轮复习重点在落实基础性和综合性的考查要求，所以笔者建议采用大一轮的复习策略，也就是在进行章节复习的同时，也结合跨章节的小微专题复习。

二轮复习时，除进一步查漏补缺、突出重点内容的复习外，还要加强应用性的考查要求的落实。要提升学生在新的情境中综合应用知识解决问题的能力。

为此，笔者尝试采用高考命题思维指导复习备考。

具体做法是教师提供背景材料，让学生从命题的角度分析相关知识点、设问的角度、评分标准、尝试回答等方面进行复习，从而培养学生的解题思维，提高解题能力。

实施步骤如下：

我们要采用由易到难的分阶段实施策略。

第一阶段：我们可以先复习某节内容的知识要点，再根据材料，指定好题型和考查范围，然后根据类似高考命题时提供的双向细目表，让学生命题。

下面以"种群数量特征"的复习为例。

第一步：先复习种群的概念、种群的数量特征及其相互关系、种群密度的调查方法，让学生掌握相关知识要点。

第二步：给出题干信息和四个选项的命题范围和要求，让学生命一道选择题。

例1 下列关于种群密度的调查方法，说法正确的是（ ）。

A. 样方法

B. 标志重捕法

C. 黑光灯诱捕法：适用于有趋光性的昆虫

D. 抽样检测法：适用于单细胞生物，如酵母菌等微生物

第三步：展示学生命制的题目。

例2 下列关于种群密度的调查方法，说法正确的是（ ）。

A. 调查草地某种双子叶植物的种群密度时，要选择这种植物多的地方，否则结果偏低

B. 标记物应当尽量明显以便于再次捕获时对数据的统计

C. 黑光灯诱捕法适用于调查趋光性昆虫的种群密度，属于样方法

D. 探究培养液中酵母菌种群数量的变化时，对培养液中的酵母菌逐个计数非常困难，可以采用抽样检测法对培养液中的酵母菌进行计数

第四步：给出如下题干信息，让学生命制四个选项。

例3 图1表示种群特征之间的关系，据图分析正确的是（　　　）。

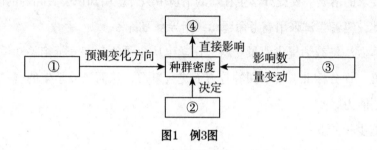

图1　例3图

第五步：展示学生命制的四个选项。

A. 直接影响野生动物种群密度变化的是②，即出生率、死亡率、迁入率和迁出率

B. 用性引诱剂杀灭害虫中的雄性个体，主要通过改变种群年龄结构达到控制害虫数量的目的

C. ①和④均影响种群的出生率和死亡率

D. 年龄组成为稳定型的种群，种群数量在一定程度上保持稳定

第六步：提供背景材料，让学生找出材料的命题点。

例4 林场中的林木常遭到某种山鼠的危害。通常，对于鼠害较为严重的林场，仅在林场的局部区域（苗圃）进行药物灭鼠，对鼠害的控制很难持久有效。

学生通过审题，可以找出以下几个命题点：

（1）山鼠危害的原因。

（2）药物灭鼠的结果。

（3）控制难以持久的原因及应对措施。

学生通过讨论，可以命制出如下的题目：

（1）该林场中山鼠繁殖能力强，种群数量非常多，其年龄组成的类型可能是_____。该种群的出生率_____（填"大于""等于"或"小

于"）死亡率。

（2）林场进行药物灭鼠后，山鼠的种群数量开始下降，原因可能是
①_____；②_____。

（3）药物灭鼠对鼠害的控制难以持久，从种群数量特征的角度分析，原因
可能是①_____；②_____。

为了持久控制鼠害，有效的防治方法是_____（填"化学防
治"或"生物防治"）。

经过一段时间训练后，可以进行第二阶段的进阶训练。

下面以"糖尿病专题"的复习为例。

第一步：让学生根据教师提供的背景材料，找到对应的考点，提高学生的
审题能力。

例5 人类糖尿病的发病机理十分复杂，图2是Ⅰ型、Ⅱ型两种糖尿病部分
发病机理示意图。

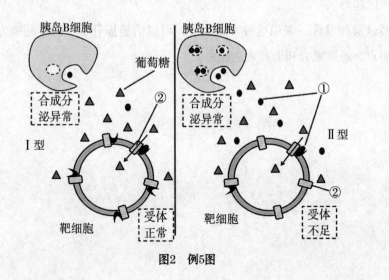

图2　例5图

学生可以找到的信息点有：

（1）胰岛素合成分泌异常的原因是什么？

（2）根本原因是什么？

（3）发生变异的类型是什么？

（4）该变异是否可遗传？

（5）基因该如何控制性状？

（6）有什么治疗手段？

（7）图中三角形和圆形代表的物质各是什么？

（8）这些物质如何检测？

（9）这些物质的合成与去向是怎样的？

（10）这些物质的运输方式是怎样的？

（11）这些物质的生理功能是怎样的？

第二步：让学生根据这些信息点，思考设问的角度和题型，并命制题目。设计的目的是提高学生的解题能力。

第三步：让学生对所命题目给出答案和评分标准。设计的目的是提高学生答题的规范性。

第四步：让学生评价自己所命制的题目。设计的目的是提高学生选题能力，跳出题海。

经过实践发现，采用这种方式复习，可以明显提升学生的审题能力、获取信息能力、思维能力和语言表达能力。

基于网络的高中生物协作学习模式探索

——以"生物多样性"概念教学为例

深圳市宝安中学（集团） 张然娜

《普通高中生物学课程标准（2017年版）》提出生物学学科核心素养，包括生命观念、科学探究、科学思维和社会责任。落实学科核心素养，是生物学课程的根本任务。生物学课程的模块内容聚焦大概念，明确学习要求，确保学生有相对充裕的时间主动学习，让学生能够深刻理解和应用重要的生物学概念，发展生物学学科核心素养。大概念处于学科核心位置，是一条能整合、串联和统筹各相关零碎知识，进而构建简单合理、"少而精"课程内容的主线。学生能运用生物学大概念解释和预测大范围的生命现象。它也是一种学科思维方式，能引领教学，有效培养学生的思维品质，发展学生的学科核心素养。新课标强调：既要让学生获得基础的生物学知识，又要让学生领悟生物学家在研究过程中所持有的观点以及解决问题的思路和方法。生物学课程期待学生主动参与学习过程，在亲历提出问题、获取信息、寻找证据、检验假设和发现规律等过程中习得生物学知识，养成科学思维的习惯，形成积极的科学态度，发展终身学习及创新实践的能力。

一、设计说明

本节课的内容采用基于网络的协作学习模式，以学生为中心，利用网络作为学习环境，创设教学情境，引导学生主动获取知识；从教材内容和学生心理状态出发，注意恰当运用多媒体手段辅助教学，为学生提供丰富、生动的素材，提高教学质量；精心设计有关问题，启发和引导学生积极思考，认真分析、追究问题的原因，寻求解决的方案；注重引导学生不仅进行网络上的合作，还进行一定的面对面的交流，学生通过网络、文字、语言等媒介，小组协作，全班交流，成果共享，取长补短，促进学生以不同方式培养创造性思维。这种模式学生参与性强，学习资源相对丰富，可以实现分层指导、协作学习，有利于学生积极性的调动与发挥。对学生存在的疑难问题，教师要及时点拨、疏导和指导，促进学生积极的思维，大胆发表自己的见解，充分体现其主体地位，使学生掌握知识，锻炼能力，真正成为学习的主人。

二、课前准备

课前教师收集和整理相关资料，用UMU、Dreamweaver等网页制作工具把本节课的内容制作成学生可以自主浏览的网页，设置学习目标、知识结构、学习指导、任务分工、信息资源、课堂练习、交流空间等框架。把环境问题及生物多样性的保护等内容以问题的形式形成不同的主题任务，每个小组有选择地重点学习一部分，组织、引导学生利用网络进行小组协作学习、组间交流和全班讲授，在同伴和教师的协作和帮助下主动建构新的认知结构。

三、教学目标

本节课属于选择性必修课程模块2《生物与环境》的内容。

1. 相关的概念

（1）大概念：生态系统中的各种成分相互影响，共同实现系统的物质循环、能量流动和信息传递，生态系统通过自我调节保持相对稳定的状态。

（2）重要概念：人类活动对生态系统的动态平衡有着深远的影响，依据生态学原理保护环境是人类生存和可持续发展的必要条件。

（3）次位概念：①全球气候变化、水资源短缺、臭氧层破坏、酸雨、荒漠化和环境污染等全球性生态环境问题对生物圈的稳态造成威胁，同时也对人类的生存和可持续发展造成影响；②概述生物多样性对维持生态系统稳态以及人类生存和发展的重要意义，并尝试提出人与环境和谐相处的合理化建议。

2. 生命观念

理解生命活动的本质，了解系统分析的思想和方法，提高对生命系统与环境关系的认识；关注全球性生态环境问题，树立人与自然和谐统一和可持续发展的观点，形成热爱自然、热爱生物、珍惜生命的理念。

3. 科学思维和科学探究

分析或探讨人类活动对生态系统动态平衡的影响及人工生态系统带来的经济、生态和社会效益，并尝试提出人与环境和谐相处的合理化建议。利用网络提供的丰富图文资料、信息技术的实践机会，拓展知识面，激发学生的创新意识，提高学生学习生物学的兴趣，培养学生收集信息的能力以及团队协作的能力。

4. 社会责任

关注环境问题，了解当地生态系统，保护当地生态环境。提高对生命系统与环境关系的认识，树立人与自然和谐发展的观念，形成生态意识、环保意识，践行绿色低碳生活方式。

四、教学重点、难点分析

1. 教学重点

（1）生物多样性的保护。

（2）学生小组合作能力的培养。

2. 教学难点

（1）生物多样性的间接价值。

（2）信息资料的收集和整理。

五、教学过程

教学过程主要包括四个环节：①创设情境，激发参与；②明确任务，分工协作；③组织交往，全班交流；④提要反馈，意义建构。

表1　教学过程表

步骤	教师行为	学生行为
创设情境 激发参与	从环境教育的重要性引入本节课的教学，播放环境污染的对比图片，并在大屏幕上显示出本节课的学习目标、知识结构与学习指导，引导学生浏览相关网页	1. 观看图片的对比效果，对环境污染有一定的直观印象。 2. 浏览相关框架内容，对本节课的内容有大概的了解，进入学习情境
明确任务 分工协作	1. 将本节课的内容分成不同的任务，组织学生协作完成。全班可以分为八组，个别任务安排两个小组同时进行： 任务一（第一小组）：全球性环境生态问题有哪些？会有什么影响？人们应该怎样预防和治理环境污染？ 任务二（第二、三小组）：什么是生物多样性？生物多样性的价值如何体现？哪些可直接使用？哪些还有待挖掘？ 任务三（第四、五小组）：我们知道现代文明社会人们面临着世界上人口、粮食、环境、资源等重大问题的威胁，而生物多样性又面临着什么样的威胁呢？这种威胁是如何造成的？ 任务四（第六、七小组）：要解除生物多样性面临的威胁，人类要做哪些努力？如何保护生物的多样性？怎样提高公民保护生物多样性的意识？收集相关资料，了解我国利用生物技术保护生物多样性的进展。 任务五（第八小组）：什么是可持续发展？要实现可持续发展应注意哪些问题？作为一个公民，应改变哪些不符合可持续发展要求的生活方式和消费观念？	1. 在学习目标的指引下，各学习小组选择好本小组的重点学习内容，明确任务后，在小组长的组织下，全组学生利用网页，分工协作。 2. 通过浏览网页上相关资源获取信息。 触目惊心——地球环境污染现状 http://www.hsbz.gov.cn/bbs/printpage.asp?BoardID=7&ID=242 世界与中国生物多样性 http://www.stcsm.gov.cn/learning/lesson/shengwu/20030910/lesson-2.asp 水污染 http://www.spvec.com.cn/jwc/jpkc/hjbh/main04003.htm 教学资料库 http://www.yangzheng.com.cn/keti/wangluo/2004/dili/huanjingwenti/ziliaoku.htm 环境污染 http://www.njdj.gov.cn/qhdj/wangxiao/kj/1/1-2-5-1.htm 知识讲座：生物多样性与生物资源保护 http://ds.ccedin.net/web/592/article.files/21.htm 生物多样性的基本概念与概况 http://www.stcsm.gov.cn/learning/lesson/shengwu/20030910/lesson-1.asp 生物多样性的保护 http://www.acca21.org.cn/cchnwp15.html 可持续发展 http://www.green-stone.org/seu/knowledge/zhuanti_1/kcxfz.htm

续 表

步骤	教师行为	学生行为
明确任务 分工协作	2. 引导学生进行协作学习，并提供适当帮助和指导，对学生学习中遇到的问题做个别辅导	中国可持续发展信息网 http://www.sdinfo.net.cn/ 进入网络，将各自学习的结果进行交流，并采用语言等形式辅助网上交流，将协作完成的任务制作成幻灯片
组织交往 全班交流	组织学生交流，对交流做点评、导拨，以保证交流的正确性和有效性	展示本小组做好的幻灯片，进行组间交流。学生听取有关知识，并可提问和补充
提要反馈 意义建构	在学生交流的基础上，根据前面所提出的问题，帮助学生理清知识体系	打开相应"习题"板块进行形成性检测，对疑难问题可以再点击相关板块的资料或通过交流空间向老师或同学询问

六、教学反思

本节课利用网络进行教学，运用大量的图文资料，内容丰富翔实、形象生动。网页界面美观友好、交互性强，利于学生操作。

学生在一定的问题情境下，开展小组合作学习。组内合作，组间竞争，全班交流，成果共享，取长补短，可以促进学生以不同方式培养创造性思维。这种方式学生参与性强，可以实现分层指导、协作学习，有利于学生积极性的调动与发挥。开展小组合作学习，注意通过具体的问题让学生明确小组的任务，给学生充分思考、讨论的时间。师生在共同总结时，其他小组可作为评委共同讨论、评分，教师适当补充。

在充分发挥学生主体性的基础上，教师在主导这节课的过程中要注意灵活把握课堂的节奏，以便更好地完成本节课教学目标。

开放式探究实验教学策略初探

——以探究"影响酶活性的因素"为例

深圳市宝安中学（集团） 曾芫

　　教学策略是指为实现预期效果所采取的一系列有目的的教学行为。新课改下的高中生物教学，以培养学生的自主学习能力、创新合作能力为目标，新课标的教学模式更注重学生在教学中的主体地位，主张让学生成为学习的主人，从而提高生物教学质量。

　　由于生物属于自然学科，其主要以实验教学为主，采用探究式教学模式，从而提高学生的自主学习能力和自主探究能力。在生物开放式探究实验教学中，教师应通过合理的教学策略，让学生主动参与到生物教学中，在教师的帮助下自主探究，提高学生发现问题、探索问题、解决问题的能力。

一、教材内容分析

　　探究"影响酶活性的因素"是人教版高中生物必修1第5章《酶的特性》中的相关探究内容。选择这一内容进行研究，主要原因有两点：

　　（1）它是必修1中仅有的3个探究活动之一，是达成新课标提出的探究素养目标的重要内容，对于学生科学探究能力的形成具有十分重要的意义。

　　（2）它既是学生在高中生物学习中参与的第一次真正意义上的探究性实验，也是学生从模仿探究到独立探究的开始。准确把握新课标要求，正确定位教师的角色，科学进行探究指导，对于教师提高探究实验教学水平同样具有十分重要的意义。

二、教学设计与组织

探究"影响酶活性的因素"所涉及的基础知识学生已经具备，但让学生自己选材并设计实验来研究酶的这一特性还有一定的难度，尤其是实验变量的控制及对照实验的设计，学生往往会顾此失彼。在以往的教学实践中，想让学生在45分钟内完成完整的探究内容，只能是教师引导学生。如限定探究问题、实验材料或给予实验步骤的提示性表格等。这样做表面上看是提高了课堂效率，实际上却限制了学生的思维，制约了学生探究能力的发展。

怎样进行有效整合，给学生以充分的探究空间与时间？如何把探究实验的主动权还给学生，让探究更具自主性、实践性、过程性和开放性？基于对这一系列问题的思考，现将整个探究活动分成"课前探究""课内探究""课后探究"三大板块，并在探究的每个阶段设置探究点和子目标，引导学生进行分阶段探究：

课前探究——提出问题，设计方案；

课内探究——完善方案，验证假设；

课后探究——满足探究欲望，促进差异化发展。

三大板块相互承接，学生的主体实践贯穿始终。这样设计的优点是：

（1）分段探究使难点分散，有利于各个击破。

（2）分段探究扩大了学生的活动空间，有利于学生运用多种策略完成探究任务。比如课外运用图书、网络查找资料，跨学科咨询等。

（3）分段探究关注差异，可最大限度地满足学生个性化发展的需要。

三、教学策略的实施

本次探究以学生的主体实践为主线，以小组合作探究为基本形式展开。具体到不同环节，采用不同的指导策略，有针对性地解决分段探究中随之而来的问题——教师如何有效地进行指导？学生探究实验的质量如何保障？

1. 支架式策略

课前探究主要运用支架式学习策略支持学生完成方案设计。以实验方案主体结构为总体支架，辅之以情境支架、材料支架、建议支架，让学生沿着"脚手架"前行。

（1）情境支架（见图1）

一、材料阅读

a. 唾液淀粉酶、胃蛋白酶等消化酶都是在消化道中起作用的；

b. 不同部位消化液的pH值不一样，唾液的pH值为6.2～7.4，胃液的pH值为0.9～1.5；

c. 使用加酶洗衣粉时，需要将衣物在加酶洗衣粉的水溶液中预浸一段时间；

d. 加酶洗衣粉一般在水温45～60℃时，能充分发挥洗涤作用；

e. 发烧病人往往会出现食欲不振、消化不良的症状；

f. 医用多酶片使用说明注意事项之一：本品酸性条件下易破坏，故服用时切勿嚼碎；

g. 细菌、病毒加热、加酸、加重金属因蛋白质变性而灭活（灭菌、消毒）。

图1　情境支架

从对生活现象的思考中产生问题，形成假设，为学生的方案设计做好铺垫。

（2）材料支架（见图2）

二、设计实验

1.实验材料菜单：（在你所选用的实验器具后的□内画"√"）

质量分数为2%的α–淀粉酶溶液　□	新鲜的肝脏研磨液（猪肝）　□
质量分数为3%的可溶性淀粉溶液　□	唾液淀粉酶□　脂肪酸□
质量分数为5%的氢氧化钠溶液　□	质量分数为5%的盐酸□
新配制的质量分数为3%的H_2O_2溶液□	温度计□　试管×____支□　试管架□
热水□　冰水□　蒸馏水□　碘液□	量筒□　滴管□　小烧杯×____个□
斐林试剂□	大烧杯□　火柴□　酒精灯□
（甲液：质量浓度为0.1g/mL的NaOH溶液，乙液：质量浓度为0.05g/mL的$CuSO_4$溶液）	三脚架□　石棉网□

注：如有其他需要请填写下来 _____

图2　材料支架

学生根据想要探究的问题进行"点菜"，理性思考选用哪一种酶做探究对象，选用哪一种检测试剂进行检测更为合适。

（3）建议支架（见图3）

教师提供恰当的建议，帮助学生走出困境。

三、老师的建议

1. 选择探究的问题要注意切实可行，要考虑实验条件的局限。

2. 利用好课本。以前做过的探究实验可能会对你有所启发，课本上对本实验的引导性提示一定对你有所帮助。

3. 充分利用图书、网络等工具查找自己想要的资料。

4. 到相关科任教师那里进行咨询也是一个不错的选择。

5. 合理分工，团队合作，一定会提高你们的工作效率。

图3　建议支架

有了概念框架和解决问题的线索后，学生就可以自主决定问题的探究方向，并做出合理的方法选择。学生不但较好地完成了方案设计，而且还有了自己的创新。

案例1　有小组在探究"pH对酶活性影响"时设计用蒸馏水调节NaOH和HCl的浓度，设置多个pH值；有小组设计采用碘液和斐林试剂两种方法检测pH对酶活性的影响；有小组建议老师能提供10%的淀粉酶以减小实验中水对碘液显色的影响；有小组还提出：在探究"温度对酶活性影响"时，可以利用淀粉遇碘变蓝的原理，通过对比蓝色褪去的时间，说明温度对淀粉酶活性的影响。

支架式学习策略较好地解决了学生在缺乏教师的具体指导的情况下如何高质量完成方案设计这一难题。

2. 二次分组策略

课内探究阶段，首先安排了"方案论证"这一环节。教师将探究同一类型问题的小组重新进行交叉分组，由探究小组组长负责介绍本组方案并接受来自其他小组成员的询问和质疑。重点围绕实验设计思路、实验操作方法等关键问题进行讨论。论证结束后，小组成员回到原探究小组，分享并借鉴其他小组的研究成果，同时解决本小组实验设计中存在的问题，进一步完善实验方案（见图4）。

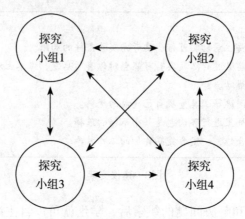

图4 二次分组成员互换基本模式

在这一过程中，教师全程参与讨论交流，接受学生的咨询，及时帮助学生答疑解惑，并给予必要的点拨。

案例2 有小组计划探究"pH对淀粉酶活性的影响"。他们打算用5%NaOH溶液、蒸馏水、5%HCl溶液处理 α -淀粉酶溶液，并选用碘液检测，通过比较3支试管中蓝色的深浅来判断酶活性的大小。

交叉论证时，其他小组学生提出质疑：在NaOH溶液中，碘会与NaOH发生歧化反应生成NaI和NaIO，因此，溶液中没有单质碘存在，淀粉不会变成蓝色，从而影响对实验结果的分析。这一质疑得到了大家的肯定。

这时教师顺势提出："在不大幅度改变原方案的前提下，如何改进实验，解决上述问题？"有学生提出：改用斐林试剂，检验淀粉水解后是否有还原糖的存在，即将原方案中检验反应物是否存在的方法改变为检验是否有特定生成物出现。还有学生提出，检测方法保留不变，只要选用 Na_2CO_3 代替NaOH即可避免歧化反应的发生。

该小组接受建议，对原方案做出了改进。

二次分组使每个探究小组都有了展示交流的机会，多点对话让每个探究小组能够获得更多有用的信息。它满足了学生探究学习的需要，并将合作探究的质量提高到一个新的水平。

3. 差异化策略

学生探究水平的差异总是存在的。因此，尊重差异，关注每位学生的发展就显得尤为重要。进入"结果分析、交流总结"阶段，采用更为开放的教学结构将探究引向深入，以满足不同层次学生发展的需要（见图5）。

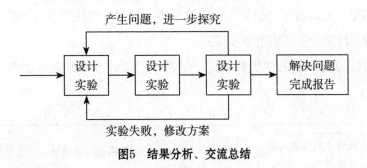

图5 结果分析、交流总结

（1）实验失败，找出原因，重新开始。

案例3 有小组在探究"温度对α-酶活性的影响"时，意外发现沸水中淀粉、α-淀粉酶混合液遇碘液不变蓝。正当大家对这一现象展开热烈的讨论时，有学生又惊奇地发现随着温度的降低，原沸水中的混合液变成了蓝色。这一现象使学生们激动不已。

于是他们对其再次加热，发现温度升高，蓝色又慢慢消失。他们猜想：高温下α-淀粉酶已经失活，淀粉没有被水解，高温可能会影响淀粉与碘液的显色，因此无法观察到蓝色现象。

作为教师，我对这一猜测给予肯定，并告诉他们淀粉与碘形成的蓝色络合物在高温下不稳定这一原理。接着我提出：既然混合液在沸水条件下无法用碘液检测，那有没有较好的改进方法呢？

某学生提出等原沸水中的混合液降温之后再用碘液检测。这时有学生反驳：谁能保证在温度降低的过程中，α-淀粉酶不会与淀粉发生反应呢？且反应和检测不在同一温度下进行，岂不是给实验又增加一个变量？看着陷入沉思的学生们，一丝喜悦在我心中油然而生，我轻声说："既然如此，我们是不是该大胆舍弃这种检测方案，另辟蹊径呢？""改用斐林试剂！"一个坚定的声音让大家的思路豁然开朗起来。

于是大家调整方案，并顺利完成了实验。

（2）实验成功，鼓励学生进一步探究，促进学生个性化发展。

课堂探究即将结束，但大家的思考还在继续。有学生提出，应该还有一些其他的因素会影响酶的活性。我鼓励他们查找资料进一步探究。还有的学生对实验得出的"最适pH值"和"最适温度"提出质疑，指出现有实验还不足以证明这一结论。此时我顺势引导学生讨论思考，把学生的注意力由定性分析转向定量分析，鼓励学生课后进一步探究。

课后部分有兴趣的学生针对这一问题专门设计方案并进行了相应的探究（见图6）。

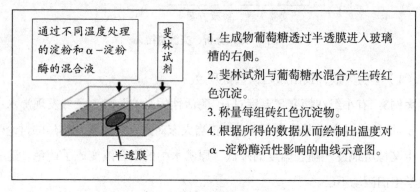

图6 探究

有小组利用半透膜透析原理设计装置，及时分离反应物和生成物，进行定量分析。

有小组利用家用血糖仪进行精确测量并得出了淀粉酶活性受温度影响的曲线图。更可贵的是，他们有了自己的新发现，这一曲线并不和课本上给出的曲线一样，而是非对称的。

有小组进一步探究不同pH条件下过氧化氢酶活性的变化，通过绝对压力传感器和电脑采集实验数据，通过数据分析他们找出了真正的最适pH值。

四、收获与体会

在教学过程中，不仅要注意调动学生的探究积极性，更要注重发挥学生的主动性，让学生能动地探究学习。

本次探究过程运用合理的探究指导策略，为课内探究与课外探究的有效整合提供了必要的技术支持，突破了探究式教学的难点。通过营造一种自主、开放的探究环境激发学生的探究热情，学生的探究意识和创新精神得到了较好的体现。合作学习模式的创新，为学生的深度交流搭建了平台，有效提高了学生的参与度和认知程度。

（附件）

探究"影响酶活性的因素"实验方案

高一_____班　　　　小组编号_____　　　　小组长：_____

小组成员：_____

一、材料阅读

a. 唾液淀粉酶、胃蛋白酶等消化酶都是在消化道中起作用的；

b. 不同部位消化液的pH值不一样，唾液的pH值为6.2～7.4，胃液的pH值为0.9～1.5；

c. 使用加酶洗衣粉时，需要将衣物在加酶洗衣粉的水溶液中预浸一段时间；

d. 加酶洗衣粉一般在水温45～60℃时，能充分发挥洗涤作用；

e. 发烧病人往往会出现食欲不振、消化不良的症状；

f. 医用多酶片使用说明注意事项之一：本品酸性条件下易破坏，故服用时切勿嚼碎；

g. 细菌、病毒加热，加酸、加重金属因蛋白质变性而灭活（灭菌、消毒）。

二、提出问题、做出假设

_____

_____

_____

三、设计实验

1. 实验材料菜单：（在你所选用的实验器具后的□内画"√"）

质量分数为2%的α-淀粉酶溶液 □	新鲜的肝脏研磨液（猪肝）　□
质量分数为3%的可溶性淀粉溶液 □	唾液淀粉酶 □　脂肪酸 □
质量分数为5%的NaOH溶液 □	质量分数为5%的盐酸 □

新配制的质量分数为3%的H_2O_2溶液 □	温度计□　试　管×_____支□试管架□
热水□　冰水□　蒸馏水□　碘液□	量　筒□　滴　管□小烧杯×_____个□
	大烧杯□　火　柴□
斐林试剂□ （甲液：质量浓度为0.1g/mL的NaOH溶液， 乙液：质量浓度为0.05g/mL的$CuSO_4$溶液）	酒精灯□　三脚架□石棉网□ （提示：α–淀粉酶最适温度为60℃左右）

注：如有其他需要请填写下来_____

2. 实验步骤：（文字分点表述，绘制表格，画示意图三者均可）

3. 实验预期：

四、老师的建议：

1. 探究的问题选择要注意切实可行，要考虑实验条件的局限。

2. 利用好课本，以前做过的探究实验可能对你有所启发，课本上对本实验的引导性提示一定对你有帮助。

3. 充分利用图书、网络等工具查找自己想要的资料。

4. 到相关教师那进行咨询也是一个不错的选择。

5. 合理分工，团队合作，一定会提高你们的工作效率。

（注：附件为探究"影响酶活性的因素"实验的学案）

利用科学史构建模型培养学生科学思维

——"生物膜的流动镶嵌模型"的教学设计

深圳市宝安中学（集团） 曾芫

一、设计理念

本节课以"成分—结构—功能"为主线，通过问题串形式引导学生围绕9则科学史，根据科学探究的一般过程，分析建立生物膜的流动镶嵌模型，让学生在认识细胞膜结构的同时，了解和体验科学探究的一般规律。通过提供材料信封以及展示板，指导小组学生通过合作讨论，利用已有材料构建平面生物膜的流动镶嵌模型，将抽象化的科学史内化为具体的知识，加深学生对结构与功能观点的体会，并培养学生一定的逻辑推理能力，发展其创造性思维，并提高其运用科学的思维方法认识事物、解决实际问题的思维习惯和能力。

二、学前分析

1. 教材分析

本节课是人教版高中生物学课标教科书必修1《分子与细胞》第4章第2节的内容，属于高中生物学的核心概念之一。内容包括科学家对生物膜结构的探索历程和流动镶嵌模型的基本内容两部分。其作用在于介绍细胞膜的结构和功能。本节内容与第4章第3节以及第3章第1节紧密联系，居于枢纽地位。从内容上看，本节课属于"细胞膜——系统的边界"这节课内容的延伸，也对第4章第1节"物质跨膜运输的实例"一节从结构方面做出了充分地解释说明。同时为学生在接下来的第4章第3节"物质跨膜运输的方式"的学习奠定了一定的知识基础，对第4章知识的学习起到了承上启下的作用。

2. 学情分析

在学习第3章第1节"细胞膜——系统的边界"以及第4章第1节"物质跨膜运输的实例"两节课的过程中，学生已经初步掌握了细胞膜的物质组成、功能特点、结构特性等相关知识，有了一定的基础。高一学生已经具备一定的逻辑推理能力，通过呈现一系列科学史实材料并加以引导，学生能够通过相关实验资料，根据科学探究的一般思路，得出相关结论，并加以总结，从而提高自身分析推理的能力。同时，通过对生物流动镶嵌模型的构建过程，发展和提升学生创造性思维的品质。

三、教学目标

（1）说出生物膜的组成成分，阐述生物膜的流动镶嵌模型的基本内容，理解并形成生物膜结构与功能相适应的生命观念。

（2）通过分析生物学事实和证据，自主构建生物膜的流动镶嵌模型，培养和提高构建模型和运用模型解决问题的思维习惯和能力。

（3）通过小组合作进行探究，提高团队协作意识以及小组合作活动的能力水平。

（4）让学生运用生物学的结构与功能观点，对事物做出相应的解释和判断，指导学生探究生命活动规律，解决实际问题。

四、教学重难点

教学重点是生物膜结构的探索历程、生物膜流动镶嵌模型的基本内容，以及生物膜形成结构与功能相适应的生物学基本观点。

教学难点是分析科学史资料，推理并提出假说，构建生物膜的结构模型。

五、教学流程

表1　教学流程表

探究历程	成分	结构		功能
提出问题	组成生物膜的成分是什么？	脂质在细胞膜中如何排布？	蛋白质在细胞膜中如何排布？	细胞膜是静止的吗？

探究历程	成分	结构		功能
观察现象	①19世纪末欧文顿细胞膜通透性实验	③朗姆瓦水盘实验（磷脂单分子层）	⑤罗伯特森用电子显微镜观察细胞膜	⑦变形虫的变形
做出假设	组成细胞膜的成分可能有脂质	细胞膜中的脂质分子排列为连续的两层	细胞膜为静止的蛋白质–脂质–蛋白质三层结构组成	细胞膜具有一定的流动性
实验验证	②20世纪初红细胞膜化学分析实验	④1925年荷兰科学家的红细胞膜脂质展层实验	⑥冷冻蚀刻技术操作观察细胞膜	⑧荧光标记人鼠细胞融合实验
得出结论	膜的主要成分是脂质和蛋白质	细胞膜中的脂质分子必然排列为连续的两层	蛋白质贯穿于磷脂双分子层中	细胞膜具有流动性

⑨ 1972年桑格和尼克森提出生物膜的流动镶嵌模型

六、教学过程

表2　教学过程表

教学环节	教学过程	设计意图
（一）回顾旧知识，设疑引入	本节课开始，教师利用PPT展示三幅图片（三幅图片皆来源于教材：细胞膜将细胞与外界环境分隔开，细胞膜控制物质进出细胞，植物细胞通过胞间连丝进行细胞间信息交流），引导学生回顾细胞膜功能的相关知识。 通过观察图片1、2、3，引导学生回忆并说出细胞膜的功能。 功能一：将外界环境与细胞分隔开。 功能二：控制物质进出细胞。 功能三：进行细胞间信息交流。 接着，教师提出并引导学生联系生物学中"结构与功能相适应"的观点，让学生思考："要完成以上三个功能，细胞膜应该具有怎样的组成结构呢？我们该如何研究细胞膜的结构？" 由此，教师引导学生进入本节课程内容，带领学生跟随着科学家们的脚步探究细胞膜的结构	通过知识的回顾，提出结构与功能相适应的基本观点，从细胞膜的功能出发，引导学生思考细胞膜的结构是怎样的，激发学生探究细胞膜结构的好奇心，引发学生的探究欲望

教学环节	教学过程	设计意图
（二）回顾科学史实，体验科学探究过程，小组合作，构建流动镶嵌模型	教师提出问题，"如果要研究细胞膜的结构，我们首先应该从什么入手？"，引导学生得出结论，首先应从细胞膜的成分入手。 紧接着，教师指导学生根据科学思维的一般规律，提出一系列关键问题：组成生物膜的成分是什么？脂质在细胞膜中如何排布？蛋白质在细胞膜中如何排布？细胞膜一定是静止的吗？通过大问题串形式，结合嵌入科学史中对细胞膜研究的经典实验材料，让学生根据科学探究的一般步骤，探究细胞膜结构的构建过程，同时通过小组合作构建生物膜流动镶嵌模型，从而使抽象问题具体化，使学生真正理解流动镶嵌模型的基本内容。 问题一：组成生物膜的成分是什么？ 观察现象：教师通过PPT提供材料。 ① 19世纪末欧文顿细胞膜通透性实验。 做出假设：教师引导学生阅读材料，并做出假设，组成细胞膜的成分可能有脂质。 实验验证：紧接着教师提问，对已有假设该如何做实验加以验证，引发学生的猜想。学生能想到通过化学提纯的方法进行分离，最后通过呈现实验提供验证材料。 ② 20世纪初红细胞膜化学分析实验。 提醒学生注意科学探究的进步与生物科学技术的发展密不可分。 得出结论：通过综合分析，总结出生物膜的主要成分是脂质和蛋白质。 紧接着教师又提出问题，了解了组成成分后，这些基本成分如何构建具有一定结构的生物膜呢？从而引发学生对这两种主要物质在生物膜中的排布情况的思考，提出问题二。 问题二：脂质在细胞膜中如何排布？ 教师首先呈现磷脂分子的结构简图，课前每个小组的桌上放有知识信封，让每位学生从知识信封中拿出一个磷脂分子，观察并说出其结构及特性，指出亲水端和疏水端。 观察现象：教师以郎姆瓦的水盘实验为背景提出问题：磷脂分子在水盘上如何排布？通过引导学生分析水盘环境，水盘界面实为空气和水的交界处，并结合磷脂分子的结构特性得出结论。 ③朗姆瓦水盘实验（磷脂单分子层）。	设计一系列问题，引导学生一步步地分析科学家的实验和结论，这种感觉就如亲历科学家探索历程。 通过这种方式使学生切身地感受到科学的魅力，始终保持高昂的兴趣，自然而然的接受流动镶嵌模型的理论，并且加深对科学过程和方法的理解。 培养学生的动手实践能力，并在小组合作构建模型的过程中，加深对细胞膜模型的具体认识

教学环节	教学过程	设计意图
（三）总结归纳，引入细胞膜的流动镶嵌模型	做出假设：通过郎姆瓦实验的结论，继续引导学生思考。 问题三：细胞膜中的脂质分子如何排布？ 教师帮助学生回忆细胞的外部环境和内部环境的主要组成成分皆为水，接着通过小组成员合作，利用磷脂分子在提供的纸板上构建细胞膜中的磷脂分子的排列图。此时基本上每个小组都能够成功构建出磷脂双分子层的模型。教师请小组展示成果并分析构建原因，提出假设：细胞膜中的脂质分子排列为连续的两层。	
（四）回顾历史，展望未来	此时，教师发现小组中有一组学生的磷脂双分子层的分子间间隔过大，提出疑问——此种排布有何不妥？引发学生探讨，最终结合细胞膜结构的选择功能指出磷脂的致密排布。 实验验证：④1925年荷兰科学家的红细胞膜脂质展层实验。PPT展示实验材料，证实学生构建模型的可行性，并排除其他磷脂双分子错误排布的可能，分析原因，进而得出结论。 得出结论：细胞膜中的脂质分子必然排列为连续的两层。 （学生活动：构建细胞膜中磷脂分子的排列方式） 问题四：蛋白质在细胞膜中如何排布？ 观察现象：⑤罗伯特森用电子显微镜观察细胞膜。提供电子显微镜下细胞膜图片，引导学生观察并结合不同分子在电子显微镜下的不同成像效果做出合理假设。 做出假设：细胞膜为静止的蛋白质–脂质–蛋白质三层结构。 实验验证：⑥冷冻蚀刻技术操作观察细胞膜。通过学生对蚀刻技术下制得的细胞膜结构的描述分析，引导学生提出蛋白质在磷脂双分子层中的三种排布方式，并能利用准确的词语进行描述。 得出结论：蛋白质贯穿于磷脂双分子层中。 接下来，每个小组在知识信封中找到不同种类的蛋白质分子，并在已有模型上继续构建。 （学生活动：构建细胞膜中蛋白质分子的排列方式） 问题五：细胞膜一定是静止的吗？ 观察现象：⑦变形虫的变形。 做出假设：细胞膜具有一定的流动性。 实验验证：⑧荧光标记人鼠细胞融合实验。在提供此实验材料时，教师请学生具体描述融合实验的过程，并引导学生注意实验中的细节点，如温度、融合时间、细胞种类等，找寻实验成功的关键。	

教学环节	教学过程	设计意图
（四）回顾历史，展望未来	得出结论：细胞膜具有一定的流动性。 教师带领学生回顾①~⑧相关实验，从成分、结构、功能三方面整理细胞膜的相关内容。在此过程中学生分小组合作，利用教师提供的材料构建细胞膜流动镶嵌模型。 在①~⑧实验的基础上，教师提供⑨桑格和尼克森提出的流动镶嵌模型，提示学生将自己的模型与其进行对比，找到相同点及不完善的地方加以修正。此时学生会注意到模型中的绿色部分，即糖链部分，引导学生提出判断是糖链的基本依据，学生可迅速回忆绿色部分是由六边形结构聚集而成的，而六边形即为我们所学的六碳糖（葡萄糖）。 教师引导学生从成分，基本构架，蛋白质的分布、结构特点这四个方面来归纳细胞膜流动镶嵌模型的相关内容。 课堂最后，教师带领学生回顾由19世纪末直至1972年细胞膜流动镶嵌模型的探究历程，梳理探究实验的一般过程，最后提出问题，对于细胞膜的探究历程已经结束了吗？ 教师提供材料，向学生介绍2003年研究膜蛋白而荣获诺贝尔奖殊荣的两位科学家，让学生感受到，对于细胞膜的探究一直在继续着，从未结束，并对学生提出期望，未来生物膜的探究将可能在我们之间继续下去	让学生了解到，对于细胞膜的探究从未结束，由此让其感受到科学探究的魅力，并了解到科学探究的进程离不开生物科学技术的不断发展

七、精彩教学片段（500~800字）

师：同学们，通过实验我们已经认识到细胞膜的主要组成成分是蛋白质、磷脂等。仅仅知道成分还不够，这些成分是通过何种方式构建细胞膜的呢？我们首先来研究磷脂分子的排布情况。

师：这是磷脂分子的结构，非常可爱，大家看看它有点像什么？

生：棒棒糖。

师：是的，不过这款棒棒糖多了一条腿。（生笑）磷脂分子的结构非常清晰，有一个亲水端的头部，以及一个疏水端的尾部。郎姆瓦曾经对磷脂分子做过相应的实验，在水盘中磷脂分子呈单层排布，究竟是如何排布的呢？我们首先分析水盘环境。

生：水盘上部是空气，下部是水。

师：很好，那么请同学们从桌面上的知识信封中拿出一个磷脂分子，亲自构建磷脂分子在水盘中排布的情况。

生：迅速拿出磷脂分子，疏水端的尾部朝上，亲水端的头部朝下。

师：非常好，实验结果确实如大家所呈现的一样，那么我们现在研究的是细胞膜，细胞膜身处何种环境中，其中的磷脂分子又是如何排布的呢？

生：思考。

师：大家请看屏幕上提供的这个细胞模型，思考细胞膜内侧和外侧是怎样的环境？

生：都是水环境。

师：既然是水环境，磷脂分子该如何排布才好？大家可否用手中的磷脂分子构建一下？

生：将磷脂分子横放。

师：磷脂分子躺在了水中央。

生：笑。

师：这里必须要说明，磷脂分子的特性决定了它不可能躺在水里，继续思考。

生：那就只能两层排布了。

师：是吗？大家同意吗？

生：有道理。

师：既然如此，我们就一起来构建细胞膜中的磷脂分子的排布吧。每个小组在自己的展示板上进行构建。

生：讨论并构建。

师：哪个小组来分享一下成果？

生：我们小组认为在两侧都是水环境的情况下，磷脂分子只能亲水端的头朝外侧，疏水端的尾部朝内侧，才有可能维持一种比较稳定的细胞结构。

师：说得真好！

八、教学反思

本节课的教学围绕 9 则科学史资料，用分析科学史中探究实验的一般规律与小组合作构建流动镶嵌模型相结合的方式进行本节课教学。课堂中通过找寻大量相关科学史，引导学生在不同资料的提示下体验科学探究的一般过程，引导学生在学习过程中逐步发展科学思维，运用科学的方法认识事物，并解决实际问题；使学生对于相关知识的理解和掌握更加牢固；同时也帮助学生理解了结构与功能相适应的生命观念。在小组合作自主构建生物膜的流动镶嵌模型的过程中，学生将抽象化的科学史内化为具体的知识，并更好地领悟科学研究的基本过程和科学方法，培养了构建模型的能力及创造性思维，为培养和提高生物学核心素养提供了途径。在教学过程中，该如何善用教材资料，结合当下新课标的指导，更为有效地将结构与功能的观点融入教学中，真正做到对学生核心素养的培养，是未来在教学中需要思考的方向，同时如何做到科学史的讲解与学生自主构建模型活动间更好的衔接，也是今后需要改进的方向。

（本课例曾获中南六省生物教学优质课评比一等奖第一名）

利用问题导学法生成概念的实践

——以"环境容纳量"为例

深圳市宝安中学（集团） 邓伟玲

一、教材分析及设计思路

"环境容纳量"属于人教版必修3《稳态与环境》第4章《种群和群落》第2节《种群数量的变化》中的核心概念。某一种生物种群数量的改变不但会影响群落乃至整个生物圈中其他生物种群数量的变化，还与人类的生命活动息息相关。对"环境容纳量"建立正确的认识与理解，有助于推进人类与环境的和谐发展。而学生对该概念往往理解不透彻，无法与宏观现象及实际应用结合起来。因此，笔者希望通过本节课内容的学习，让学生理解现实条件下种群S形增长曲线的特点，明确环境容纳量的内涵和外延，树立正确的人类发展观。

根据学生已有的知识和能力储备，笔者采用模型构建和问题导学相结合的教学策略，利用构建法生成概念。首先，通过生活中有趣的生活例子创设情境，激发学生的探究欲望，引导学生尝试模仿J形曲线来构建S形曲线；进而导出高斯实验以及他的曲线模型；基于高斯的S形曲线设置一系列问题，用问题串的方式引导学生一步一步深入思考，让学生在环环相扣的探究任务中逐渐建构"环境容纳量"这一概念，继而通过实例让学生理解研究"环境容纳量"的意义。最后让学生运用所学的知识解决实际生活中的问题，进一步深化对概念的理解和应用。

二、教学目标

1. 知识目标

理解S形曲线和"环境容纳量"的生物学含义。

2. 能力目标

运用种群数量变化规律解决生活中的实际问题。

3. 情感态度与价值观目标

关注人类活动对种群数量变化的影响。

三、教学重点、难点

1. 教学重点

理解S形曲线中"环境容纳量"的生物学含义。

2. 教学难点

构建并理解现实条件下种群增长的数学模型。

四、教学过程

1. 创设情境，回顾旧概念，尝试构建新模型

教学意图：引导学生用数学方法解释生命现象，尝试用数学模型揭示生命活动规律。

教师可利用多媒体向学生展示美味可口的蛋糕图片，让学生猜想这种非真空包装的食物的保质期，提出问题：蛋糕刚开始买回的一段时间内，蛋糕中细菌的数量是如何变化的？原因是什么？通过该问题的设置让学生复习旧概念J形曲线，并引导学生深入思考：随着时间不断推移，蛋糕中的细菌数量会不会无限增长？原因是什么？并让学生尝试模仿J形曲线来构建经过长时间放置的蛋糕中细菌数量变化的曲线模型。

2. 展示学生预想的模型，导出S形曲线

教学意图：让学生树立科学方法观——任何模型的构建必须有科学依据与实验证据。

教师展示学生构建的曲线模型结果，并设疑：如何判断构建的曲线模型是否合理？并借机引导学生树立科学方法观：任何科学结论都必须建立在严谨的实验和反复的论证上，生态学家高斯通过成百上千次的实验才得出了他的曲线模型——S形曲线。

3. 剖析S形曲线，构建生成概念

教学意图：深入理解分析S形曲线，构建并生成"环境容纳量"概念。

以高斯的S形曲线模型为例，教师设置一系列问题让学生生成概念并突破本节课重难点。教师引导学生初步分析高斯的S形曲线模型：曲线没有呈现一直增长的趋势，而是达到一个值并稳定下来，曲线走势如同字母"S"。高斯通过数据分析得到一个值K=375，此值称为"环境容纳量"。进而导出本节的核心概念："环境容纳量"是什么？如何理解？（学生会简单地认为"环境容纳量"是"环境所能容纳的生物数量"）

教师设置问题1：在高斯的S形曲线中，纵坐标是什么？是培养瓶中所有生物的总和还是某一物种的总和？"环境容纳量"中的"量"是指什么数量？通过这些问题的设置，让学生理解"环境容纳量"属于种群范畴。教师继续追问：刚才分析蛋糕中细菌的数量变化是否存在不合理之处？借此扫清学生疑问，教材构建J形曲线用的"细菌"例子实为"某一种细菌"，让学生进一步明确"环境容纳量"的所属范畴，也就是概念的内涵。

教师设置问题2：高斯实验中"K=375"是曲线最高点的绝对值吗？这个数值是如何得到的？通过这些问题的设置，让学生明确K值的由来，它是种群达到稳定时的平均值，是种群能维持的最大数量，让学生理解概念中的核心关键词"维持"。

教师设置问题3："K=375"会一直稳定不变吗？哪些因素会导致K值发生改变？结合高斯的实验举例说明。通过这些问题的设置，让学生明确K值作为一个生物学参数，在一定程度上是可以突破的，并且可以随环境的改变而改变，让学生理解K值稳定的前提是"环境条件不受破坏"。

教师设置问题4：请根据自己的理解说出"环境容纳量"的概念。该问题的设置是让学生通过对概念实质的理解，生成"环境容纳量"这一概念，并把该概念内化成自己的知识。

4. 结合实例明晰意义，深化理解概念

教学意图：明确研究"环境容纳量"的意义，深化对概念的理解。

"环境容纳量"的概念生成后，教师继续引导学生理解概念的外延：研究"环境容纳量"有什么意义？教师通过生动的例子如濒危动物熊猫与人人喊打的过街老鼠，让学生从多个角度思考种群数量的变化，以及人类对种群数量变化的影响。通过这一活动，让学生从具体的生物现象与规律建立抽象的数学模型这一层次，进入用抽象的数学模型解释具体的生物学现象与规律这一更深层次。

5. 知识应用迁移，强化应用概念

教学意图：培养学生运用所学知识解决现实问题的能力，应用概念。

教师举出在广州发生的实况：蚊子猖狂，登革热等病毒传播风险大，让学生提出降低蚊子环境容纳量的可行性措施，让学生活学活用，由对概念的理解上升为对概念的应用。

在此基础上，教师进一步拓宽学生视野，介绍科学家治理广州蚊子的方法：往蚊子的卵中注射一种"沃尔巴克氏体"的细菌，这些细菌对人体无害，但却能造成蚊子的不孕不育。且追问学生：科学家这种方法是否可以改变蚊子的环境容纳量？通过此实例让学生发散思维，深入思考影响环境容纳量的因素，再次深化对概念的理解和应用。

五、教学反思

传统的教学模式中，学生过分依赖教师对知识的传授，被动接受，很难深刻理解和掌握"环境容纳量"这一核心概念的内涵和外延。而本节课采用了模型构建和问题导学相结合的教学策略，让学生在教学活动中领悟建立模型的科学方法及其在科学研究中的作用，也让学生在自主思考和探究中逐步构建和生成概念，落实对概念的理解和应用。这样的教学方式大大提高了教学效率，也培养了学生的生物学学科素养。

借助生物科学史培养学生科学思维素养

——以"肺炎双球菌的转化"实验为例

深圳市宝安中学（集团） 邢树桂

《普通高中生物学课程标准（2017年版）》把科学思维作为生物学科核心素养的重要内容之一。科学思维是指尊重事实和证据，崇尚严谨务实的求知态度，运用科学思维方法认识事物、解决实际问题的思维习惯和能力。学生只有形成了一定的科学思维，才能更好地提高学习效率，并运用科学思维去解决更多的问题。

生物科学史以故事的形式将科学家探索科学的历程呈现出来，这样的形式更生动有趣，更能激发学生的学习兴趣。同时，科学的发现离不开科学思维的指导，因此，在生物科学史中包含有丰富的科学思维方法。本文以"肺炎双球菌的转化实验"为例，通过探究式的教学过程让学生站在科学家们当年的背景和角度体验他们是如何证明DNA是主要的遗传物质的，并在这个过程中形成科学思维。

一、教学设计实例

1. 课堂导入

问题： 1866年，孟德尔发表的论文指出，生物的性状是由_____决定的。

1909年，约翰逊将_____命名为_____。

1926年，摩尔根在《基因论》中提出，_____在_____上。

以科学发现的时间顺序为主线，通过系列问题的设置，帮助学生梳理人类对遗传物质的认识过程。同时通过导入，将学生带入当时的背景，进而引出遗传物质究竟是什么的疑问。

2. 对遗传物质的早期推测

问题1：20世纪20年代，大多数科学家认为什么是生物体的遗传物质？原因是什么？

通过此问题的设置，让学生思考作为遗传物质首先需要满足哪些条件，其次，站在当时的背景下思考人们已认识的物质中符合这些条件的有什么。

问题2：20世纪30年代，人们认识到_____的重要性，但是认为_____是遗传物质的观点仍占主导地位。

3. 肺炎双球菌体内转化实验——格里菲斯的实验

实验背景：20世纪20年代后期英国伦敦肺炎大规模流行，格里菲斯作为一名卫生官员，着手研究肺炎的病原学。

教师让学生利用多媒体动画模拟格里菲斯的实验过程，描述实验结果并思考：为什么将R型活细菌与加热后杀死的S型细菌混合后，会产生S型活细菌？让学生进行探究，并在排除多种可能后得出结论：加热杀死的S型细菌中存在将R型细菌转化为S型细菌的转化因子。那么，转化因子可能是什么物质呢？学生要从加热杀死的S型细菌中的化学成分中找到答案。经过分析，加热杀死的S型细菌的主要成分为DNA、蛋白质和多糖。至此，学生可提出假设：DNA、蛋白质、多糖等物质是遗传因子。

4. 肺炎双球菌体外转化实验——艾弗里的实验

学生根据提出的假设，进一步进行实验设计。学生在教师的引导下提出两种实验思路：一为体内转化实验，二为体外转化实验。接着教师进一步指出，当时科学家艾弗里选择的是体外转化实验，让学生思考：为什么这里设计的是体外转化实验而非体内转化实验？锻炼学生的思维能力。具体的教学设计如下：

（1）设计思路。从加热杀死的S型细菌中分离提纯得到DNA、蛋白质和荚膜多糖等物质，并分别加入培养了R型细菌的培养基中，单独研究它们各自的功能。

（2）实验过程及现象（见图1）。学生描述艾弗里实验过程及现象，理解艾弗里每组实验设计的目的。

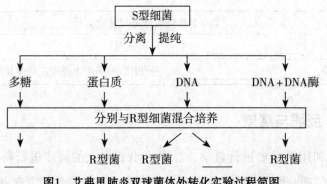

图1 艾弗里肺炎双球菌体外转化实验过程简图

（3）实验结果分析通过实验现象可推测得出，使R型细菌转化为S型细菌的是S型细菌的DNA，而不是蛋白质、多糖及DNA的水解产物，即可堆出DNA是遗传物质。

问题：艾弗里的补充实验——S型菌的DNA+DNA水解酶+R型菌→R型菌实验的目的是什么？

该问题的设置主要是让学生理解艾弗里在前三组实验能够说明DNA是遗传物质的情况下，为什么还要设置第四组实验。这主要是因为当时技术限制，没办法实现DNA和蛋白质的完全分离，故还是认为DNA不是遗传物质。因此，艾弗里运用科学思维中的反证思想，假设DNA不是转化因子，用DNA水解酶将DNA水解掉，结果发现R型菌不能发生转化，反过来证明假设错误，由此证明DNA是转化因子。

（4）实验小结（见表1）。通过表格归纳，让学生在科学探究学习过程中形成科学思维和掌握能够用于解决多种问题的一般科学方法，起到举一反三的作用。

表1 艾弗里肺炎双球菌的转化实验设计表

艾弗里肺炎双球菌的转化实验	
提出问题	_____
做出假设	转化因子是_____、_____、_____
设计实验	_____转化实验
实施实验	将各成分分别加入含_____的培养基中，观察转化是否发生

艾弗里肺炎双球菌的转化实验	
分析结果	_____是转化因子
得出结论	_____是使R型细菌产生稳定遗传变化的物质

二、反思与展望

教师利用科学史进行教学，让学生沿着先人的脚步进行科学探索，可以提高课堂的趣味性与学生的参与度，使课堂向思维课堂的方向发展。而只有学生形成了一定的科学思维，其才能利用科学的方法更好地去解决更多问题，从而提高学习的效果。但是在利用科学史进行教学的过程中，为了能真实还原科学家探究的真实过程，需要教师在课前充分收集资料，这对教师提出了更高的要求。同时，也需要教师将这些复杂的科学探究的过程以更简单的形式呈现出来，丰富课堂形式，让学生在活动中锻炼科学思维。

生物学学科核心素养下的概念教学设计与实践

——以"生态系统的能量流动"的概念教学为例

深圳市宝安中学（集团） 邢树桂

一、教学分析与设计思路

"生态系统的能量流动"是人教版高中生物必修3《稳态与环境》第5章《生态系统及其稳定性》第2节的内容，是在学习生态系统的结构之后的一部分内容。生态系统的能量流动关系到生态系统中各营养级生物量的制约与发展，同时也与人类的生产活动联系紧密。对能量流动的过程和特点进行学习，有助于提高人类对生态系统中能量的利用效率。而学生通常对生态系统中能量的流向这一问题感到模糊，故笔者通过实例，以某草原生态系统上的某食物链为例，以问题驱动的方式引导学生分析生态系统中能量流动的过程与特点。通过问题驱动、构建概念模型的方法，让学生带着问题自主地进行课程学习，改变传统的填鸭式教学方式，在教学过程中渗透生命观念教育和社会责任教育，并使学生形成科学思维。

二、教学目标

1. 生命观念

学生在已学生态系统结构相关知识的基础上，学习生态系统的能量流动，进一步形成结构与功能观、物质与能量观，从而理解生态系统的能量流动过程与特点。

2. 科学思维

主要运用概括与归纳、构建概念模型等方法，通过问题驱动，引导学生学会用科学的思维对所学内容加以归纳整理。

3. 社会责任

认同生物和环境是统一的整体，树立和践行"绿水青山就是金山银山"的理念，进一步形成生态意识，并在用知识解决现实问题的过程中养成责任感。

三、教学重点、难点

1. 教学重点

分析生态系统中能量流动的过程与特点。

2. 教学难点

通过识图分析生态系统中能量流动的过程与特点。

四、教学过程

1. 创设情境，引入概念

教学意图：激发学生兴趣，导入生态系统的能量流动。

教师创设荒岛求生的情境：流落荒岛，身边只剩下15kg玉米与一只母鸡，提出问题：是先吃鸡后吃玉米，还是先吃玉米，同时用部分玉米喂鸡，吃鸡产的蛋，最后再吃鸡？通过设疑让学生自由讨论，教师对学生的答案不予评价，指明要想知道选择哪种方案，需要将落脚点落在"能量"上，通过这样的方式让学生带着问题进行能量流动的学习。

2. 实例分析，深化理解

教学意图：结合食物链的内容，让学生明白生态系统中能量流动与各营养级间联系紧密，并深入分析能量在生态系统中的流动过程与特点。这部分主要以问题驱动的方式进行教学。问题的设置要简洁明了，并能引起学生的共鸣与思考，这样才能进一步提升课堂的效率。

教师向学生展示某草原生态系统上的一些生物：草、田鼠、兔子、蚯蚓、老鹰、狼，让学生每人写出其中的两条食物链，教师取食物链"草→田鼠→蛇

→老鹰"进行分析。

设问1 草具有能量吗？其能量储存在哪里？这些能量从哪来？

通过该问题的设置，让学生明白要分析生态系统中的能量流动过程，首先得解决能量来源问题，即太阳能。

设问2 是不是所有照射到草原的太阳能（记为E_0）都是流入生态系统的能量呢？

通过该问题的设置，让学生明确只有被生产者固定的太阳能（记为E_1，同时引出同化量的概念，生产者的同化量即其固定的太阳能）才能流入生态系统。

设问3 草的同化量会有哪些去向？

通过该问题的设置，让学生思考能量流入生态系统中的去向问题。学生可分析出草的同化量一部分通过呼吸作用以热能形式散失（记为E_2），一部分传递给田鼠即初级消费者（记为E_3），一部分被分解者利用（记为E_4）三个去向。教师进一步追问，在一定时间内，生产者会全部被利用完吗？从而引出能量的去向还有一部分以有机物形式存在生物活体内未被利用（记为E_5）。

设问4 E_1、E_2、E_3、E_4、E_5之间存在什么关系？

通过该问题的设置，让学生理解能量在生态系统中的流动过程也是符合物理学中的能量守恒定律的，即$E_1=E_2+E_3+E_4+E_5$。这就是能量在第一营养级的流动，用图解表示如图1所示（此图为书上原图改编图，未被利用部分体现在生产者方框内，以活体部分存在，教师需向学生说明）。

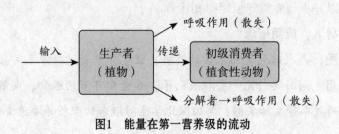

图1 能量在第一营养级的流动

设问5 草被田鼠食用，这样能量就传递给第二营养级了吗？

教师设置该问题，是为了让学生知道，除了第一营养级，其他营养级的同化量=摄入量−粪便量。而这部分同化量的去向就与能量在第一营养级相同，可由学生自主分析，进一步深化其对生态系统能量流动的概念的理解。

设问6 根据自己的理解，将生态系统的能量流动过程用四个词概括。

该问题的设置是为了让学生学会总结归纳，生成"能量流动"的概念。

设问7 将能量流动过程中各个环节所具有的能量进行量化，以林德曼对赛达伯格湖的能量流动进行定量分析为例（见图2），找出赛达伯格湖中各营养级的同化量分别为多少，能量在第一、二营养级间的传递效率为多少。

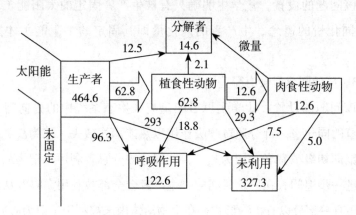

图2 林德曼对赛达伯格湖的能量流动的定量分析

通过对该实例的分析，学生会发现能量在流动过程中具有单向流动、逐级递减的特点，并通过计算得出能量在各营养级之间的传递效率为10%~20%。

设问8 能量逐级递减是否与能量守恒定律相违背？

该问题可完善学生对能量流动特点的理解，即逐级递减中的"级"其实是营养级，所以并不与能量守恒定律相违背。

3. 回归导入，应用概念

教学意图： 再次回到荒岛求生的情境，让学生重新选择求生方案并说出理由，活学活用。同时再补充一些相关例子，如素食可节约粮食、桑基鱼塘可提高能量的利用效率等生活实例，再次深化学生对概念的理解并渗透责任教育。

五、教学反思

本节课采用启发式、引导式教学，通过设置问题，引导学生运用旧知识对新知识进行层层剖析，符合新课标的理念。这一方式注重对学生归纳与总结等能力的培养，让学生获得知识的同时，培养分析比较、表达能力等，课堂效果良好。同时，这节课渗透了生命观念与对学生社会责任感的培养，让学生认识到生物与环境是统一整体，这也符合新课标的要求。通过问题驱动的教学模式可以调动学生的学习积极性，让学生真正成为学习的主体。同时结合具体的实例，让学生对"生态系统的能量流动"有了更深的理解，不仅提高了课堂效率，学生的逻辑思维也得到了很好的锻炼。但由于课堂时间限制，未能给学生足够的时间探讨、研究生态系统能量流动的意义，后期需进一步学习。

高中生物教学中先行组织者策略的应用

——以"细胞衰老的特征"为教学案例

华南师范大学生命科学学院　陈振鹏　李雪峰

一、引言

21世纪以来，我国启动了基础教育改革并进行了高中新课程标准的调整，并以此作为提高国家综合国力的重要科教兴国战略。刘恩山教授指出第八次基础教育课程改革中生物是最为活跃的一门学科，在课程宗旨、理念、目标、选材原则、课程框架以及教学、评价策略等方面发生了重大变化。不管是基础教育还是高中新课程标准，都将探究性学习提升到一个前所未有的高度。随着探究性学习的重视程度上升，很多教师或教育理论研究者批评的教学形式中排第一位的就是讲授式教学。虽然以往或目前仍有教师采用机械的教学方法讲授知识，将教学变成了文字游戏，导致讲授教学变成了机械的说教。在机械说教下学生只能被动地、不假思索地接受知识。同时也存在一些对探究性学习理解不当的教师单纯地将过往"教师独讲"变为"学生独讲"的情况。但是笔者认为将讲授式教学与注入式教学等同是不正确的，以及单纯理解探究学习即学生自主学习完全不需教师引导的看法也是错误的。

早有美国著名的认知学派教育心理学家奥苏贝尔（D. P. Ausubel）提出要根据学生原有的知识体系进行教学设计，即有意义学习理论或认知-接受学习理论。莫雷教授在主编的《教育心理学》中说道："他（奥苏贝尔）认为布鲁纳的学习理论过于强调发现式、跳跃式学习，轻视知识的系统性、循序渐进性，从而忽视系统知识的传授，会造成学生基础薄弱、教育质量滑坡的不良后果。"奥苏贝尔也曾说过:"如果让我不得不把全部的教育心理学以一句原理性的话概括,我将会说,影响学习唯一的重要因素是学习者已知的知识是什么。"奥苏贝尔认为,以接受学习的方式获得用讲解法授予的知识,应是学校实际上采用的教与学的一种基本的、重要的形式。而且他认为学生在有意义接受学习过程中并非简单地将新知识与原有认知结构"挂钩",而是一系列积极主动的认知活动。而有意义接受学习的质量高低主要取决于教师的设计和使用。

因此,本文结合实际教学案例,浅谈生物教学中先行组织者策略的应用,以此说明讲授式教学设计质量的优劣,需将方法与教、学结合起来做综合考虑,而学习有无意义取决于学习是否能满足有意义学习的条件。

二、有意义学习理论相关概念的内涵

奥苏贝尔创造性地吸收了同时期皮亚杰、布鲁纳等人的认知同化理论和结构理论思想,于1963年在其最重要的著作《有意义言语学习的心理学》中提出了其最重要的学习理论——有意义言语学习理论,从而奠定了他在当今教育界和心理学界的盛名地位。他认为学习是通过接受而发生的,而不是通过发现而发生的,并且概念、原理或想法都是通过演绎推理而得出的。此外,奥苏贝尔将接受学习、发现学习与机械学习、有意义学习结合起来,理清了四者之间的关系。

接受学习主要是指教师将学习的知识以结论性的语言传授给学生,学生在接受知识的过程中只需要将教师讲授的知识内化,此过程并不包括知识的自主发现。而发现学习则是与接受学习相反的模式,教师并不实现系统的知识传授,而是通过问题让学生在自主发现和解决问题中学习知识。但是奥苏贝尔认为并非所有的接受学习都是机械学习,也非全部的发现学习皆是有意义学习。如果教师问题设置得当,学生不是生硬地将知识死记硬背,而是在内在结构中积极主动地理解,这也是有意义学习。而若探究知识的过程是一个机械地重复步骤,学生完全不知道为何进行如此的操作,这也将沦为机械学习的模式。奥苏贝尔与诺瓦克(J. A. Novak)在《教育理论》(*A Theory of Education*)一书中,用双维坐标说明了四大学习方式之间的关系(见图1)。

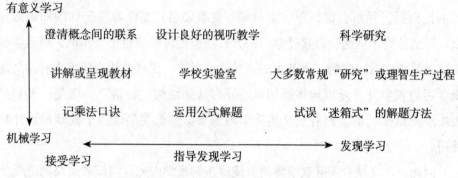

图1 四大学习方式之间的关系（选自文献）

从该双维坐标图中可以看出，奥苏贝尔对于四种学习方式的划分并非独立的、绝对的，四者之间存在很多过渡形式。

在有意义学习的理论指导下，奥苏贝尔提出"先行组织者"的概念。先行组织者是教师在帮助学生理解新知识和将知识内化过程中使用的引导性信息或内容。先行组织者即是利用适当相关的，对于学生而言最为清晰和稳定的引导性材料。该材料能够明显地呈现重要信息，与学生原有的旧知识具有高度关联性和暗示功能。

奥苏贝尔将先行组织者主要分为两类：比较性先行组织者（Comparative Advance Organizer）和陈述性先行组织者（Expository Advance Organizer）；比较性先行组织者主要目的是为了激活现有的模式，通常这类先行组织者用于区分原本拥有的知识内容，但仍未发觉两者之间的联系或区别的知识内容。因此，比较性先行组织者经常用于整合或区分两个概念。陈述性先行组织者主要是为学生提供重要信息以助于他们理解新的知识，通常学习的内容是学习者不了解的，教师将举出相关的学习者了解的信息，通过逐步分析让学习者理解新概念的过程。本文的教学案例也是使用的陈述性先行组织者策略。

在使用先行组织者策略时，教师需注意以下两个问题：

（1）提供的先行组织者必须是学生能够理解和掌握的，并且组织者本身是有意义的。

（2）组织者必须阐释清楚学习的基本概念和先行组织者之间的关系。

三、教学模式的设计——如何将先行组织者应用于教学设计

根据奥苏贝尔提出的有意义学习理论发展出来的教学模式称之为讲解式教学。该教学模式中教学技能主要以讲解技能为主，通过应用恰当的材料作为先行组织者，同时设计一系列的问题串带动学生思考学习的内容与先行组织者的关系，逐步内化进入自身的认知结构当中。采用这种模式教学的关键在于教师能否合理地设置先行组织者，并在讲解过程中遵守渐进分化和整合协调的原则，最终使得学生达到有意义学习的目的。

下面以《细胞衰老的特征》为教学案例，以奥苏贝尔的有意义学习理论为理论指导，通过设置学习情境，运用恰当的先行组织者引导学生对知识进行剖析。主要是将个体衰老的特征作为先行组织者，从个体层面认识细胞层次衰老的特征，从具体到抽象，便于学生记忆和理解。课程当中适当调整教学内容顺序，以细胞结构作为主线，使知识点更具有逻辑性和连贯性。在教学过程中，教师分析细胞衰老的特征之间的关联，提醒学生在以后的学习过程中注意知识点之间的联系以及学会分析和总结，进一步构建知识框架，提高整合知识的能力。（详见表1）

表1 《细胞衰老的特征》教学片段设计

片段题目	细胞衰老的特征	重点展示技能类型	讲解技能
学习目标	【知识目标】 1. 描述个体衰老的特征。 2. 简述细胞衰老的特征。 【能力目标】 探究个体水平和细胞水平衰老的特征之间的关系，构建知识框架。 【情感目标】 联系实际生活，初步形成生物体的结构与功能局部与整体相统一的观点		
教学过程			
时间	教师行为	预设学生行为	教学技能要素
课程导入（40s）	1. 设置情境：抓住学生的心理，通过分析抗衰老的广告词，引发学生的好奇心。 2. 设置问题：衰老在不同水平上有什么特征，细胞水平有什么奥秘？	表达自己的意见。 思考老师提出的问题	讲解、提问：情境入学，提问导入

续 表

时间	教师行为		预设学生行为	教学技能要素
个体衰老的特征（2min）	借用一组人体衰老的特征图，让学生观察并结合实际生活，思考个体衰老的特征。 综合讨论情况，归纳出个体衰老的特征并板书，引出本课的重要内容——细胞衰老的特征		根据日常生活经验进行小组讨论和回答	先行组织者策略： 借用图片，简要讲解和归纳个体衰老的特征，并引导学生思考本课的核心问题
细胞衰老的特征（6min）	调整教学内容顺序，以细胞结构作为主线，从外到内讲述细胞衰老的特征。注意各个特征之间是有关联的		讨论、表达	解释式讲解 问题中心式讲解 分析归纳法
	细胞膜	1. 展示细胞膜的流动镶嵌模型，回顾该模型的主要结构特点和生理特点。（流动性和选择透过性） 2. 结合实验结果讲解并继续追问学生："衰老细胞的膜载体蛋白减少对协助扩散和主动运输能力的影响。" 3. 总结学生的讨论情况，并给出正确的答案，同时提出新的问题：那么对细胞质当中的物质会造成什么影响呢？	1. 回顾旧知识。 2. 思考老师提出的问题。 3. 学生根据旧知识回答老师的提问	
细胞衰老的特征（6min）	细胞质	1. 分析造成人体衰老特征皱纹和老年斑的主要因素是细胞质当中水分减少、"色素"积累。 2. 分析细胞内呼吸酶和酪氨酸酶活性降低引起的现象，结合讲解和提问引导学生运用旧知识进一步分析，并注意构建知识框架。 3. 引导学生对于多细胞生物而言个体衰老是组成个体的细胞普遍衰老的过程进行深刻理解	讨论、表达	提问、讲解： 通过对细胞质和细胞核衰老特征的分析，让学生从个体层次认识细胞层次，发现特征之间的关联，并设置多层问题，结合新旧知识进行引导讲解，完成细胞衰老特征的讲解，同时培养学生的分析、推理能力
	细胞核	1. 在PPT上展示衰老细胞和正常细胞的细胞核，让学生观察并思考：衰老细胞和正常细胞的细胞核有什么不同之处？	观察图片中两种细胞核，思考老师提出的问题	

时间		教师行为	预设学生行为	教学技能要素
细胞衰老的特征（6min）	细胞核	2. 点评学生的回答，比较两个细胞核的不同，归纳得出细胞核衰老的特征，由此引出科学中对衰老的解释		
课堂小结（1min）		结合"细胞的层次破译衰老"，回顾细胞衰老的三大特征，引导学生思考细胞层次之下是否有更深的层次，衰老的细胞将何去何从	回顾本节重难点	讲解：总结并强化知识点，并为下一个知识点的学习提供先行组织者
设计思路说明		本课采用启发式、引导式教学，运用解释式讲解，通过设置问题，引导学生将旧知识作为先行组织者对新知识进行层层剖析。符合新课程标准的要求，注重分析、推理及探究能力的培养，联系实际生活，使学生初步形成生物体的结构与功能，局部与整体相统一的观点		

总体可知，科学的先行组织者的呈现可以对学生在思维导向上起很重要的作用。与此同时，恰当的先行组织者也会激发学生有意义学习的心向（学习兴趣），让学生更为有效地建构认知结构，从而提高讲解式课堂教学的效率，亦可避免说教式教学。但是讲解式教学关键在于教师能否将分析和认识先行组织者与学习内容的关联的思维方法和认知技能传授给学生。正所谓"授之以鱼，不如授人以渔"。而方法则在于进行有意义学习能否满足其条件，主要分为外部条件和内部条件。

外部条件是有意义学习的内容本身，其要求是学习材料或作为先行组织者本身必须具有逻辑意义。如教学片段当中个体衰老与细胞衰老有非人为和实质性的关联。对于单细胞生物，个体衰老等同于细胞衰老。而对于细胞生物中个体衰老则是个体体内细胞普遍衰老的过程，二者之间存在关联。而且学生从宏观上更为了解个体衰老的特征，以此作为先行组织者学生容易理解，并且通过已学知识分析个体特征在细胞层次中的特点，并寻找原因，学生从具体到抽象便于记忆和理解。在课堂最后教师进一步提出问题，将本片段内容又作为下一个知识点的先行组织者，知识点之间环环相扣，让学生进一步理解生物知识是一个系统性的体系，并非相互独立的知识点，更利于学生对知识进行系统化处理。

内部条件主要指的是学习者本身有学习的动机以及学习者原有的认知结构中有适当的知识，在教师引导过程中必须积极地与原有知识发生相互作用。上述片段中从生活中抗衰老广告词进入主题，抓住了学生的心理需求和好奇心，让学生对学习内容产生兴趣，并觉得该知识是与生活相关的内容，即理论容易与实践挂钩。在讲解细胞衰老的特征时，通过提问将新知识和旧知识发生相互作用，让学生不断思考，联系个体去记忆，让旧知识得到"改造"和进一步理解。

四、总结

不可否认，有意义的接受学习在培养学生基础知识方面起着重要的作用，但是在培养学生思维能力和创新能力方面仍有局限性。事实上，生物学习过程中不同的内容都有着各自合适的教学方法，我们不能忽略教学内容而单一、机械地使用一种教学方法。课堂教学中应该尝试优化教学设计将接受学习和发现学习进行有效的结合，创造更多的良好视听教学效果。

在教学过程中对于不同的教学方法必须用辩证的观点去看待，不能片面甚至全盘否定。莫雷教授在其主编的《教育心理学》中对奥苏贝尔的认知-接受学习理论这样评价："奥苏贝尔的学习理论过于偏重学生对知识的掌握，对能力培养不够重视，过于强调接受学习和讲授方法。"实际上，有意义接受学习和有意义的发现学习各具优缺点，二者是相辅相成，互相补充的。

基于"科学思维"导向的"伴性遗传"的教学设计

深圳市宝安中学（集团） 李金洋

　　高中生物学课程是以提高学生的生物学核心素养为宗旨的课程。生物学核心素养是指学生在解决真实的生物学问题时所表现出来的必备品格和关键能力，是学生后天习得的终身受益的学习成果。

　　下面以"伴性遗传为例"进行教学设计，以培养学生不断进行探索的精神，培养并锻炼学生的科学思维，使学生提升生物学学科素养。

一、教材分析

　　本内容的地位及作用："伴性遗传"这一节，是新课标教材必修2第2章第3节的内容。它是以色盲为例讲述伴性遗传现象和伴性遗传规律，进一步说明了基因与性染色体之间的关系，其实质就是基因分离定律在性染色体遗传上的作用。同时，也为第5章第3节《人类遗传病》的学习奠定了基础。

二、教学目标

1. 知识目标

（1）掌握伴性遗传的概念以及伴性遗传的特点。

（2）运用资料分析，总结人类红绿色盲症的遗传规律。

2. 能力目标

（1）运用资料分析，总结人类红绿色盲症的遗传特点，训练学生科学的思维方法。

（2）通过引导学生分析伴性遗传规律，培养学生分析问题、解决问题的能力。

3. 情感态度与价值观目标

（1）通过对红绿色盲家系图谱的分析，对学生进行科学方法的训练，培养学生实事求是、严谨踏实的工作学习态度。

（2）在了解常染色体遗传及伴性遗传的基础上，使学生理解现代科学手段对色盲的帮助。

三、教学重点和难点

1. 教学重点

（1）遗传系谱图的识别和判断。

（2）人类红绿色盲的主要婚配方式及其遗传的特点。

教学重点及解决办法：以人的色盲为例引导学生了解伴性遗传。在教学中可把色盲遗传的四种主要婚配的遗传图解编成一个小故事，引导学生根据故事的情节层层深入，通过小组讨论写出四种遗传图解，这样就把知识化繁为简，便于学生掌握色盲基因的传递方式，归纳色盲遗传的特点，理解伴性遗传的概念。

2. 教学难点

通过分析人类红绿色盲，总结伴X隐性遗传的一般规律。

教学难点及解决办法：引导学生动手、动脑，分析色盲遗传图解，根据编好的故事，分析各种婚配后基因型和表现型及其比例，揭示伴X隐性遗传的一般规律。

四、教法与学法

1. 教法

课程标准的基本理念是倡导探索性学习，注重与现实生活的联系，培养学生分析问题和解决问题的能力以及交流与合作的能力。

根据教学目标、教材特点和学生的认知特点及现实情况，确定本节课的教学模式："教师创设情境的纯思维探究"模式，即以情境（任务）驱动学习，引导学生自主探究和合作学习。创设的情境有：故事、图片资料、系谱资料及问题情境等。每一种情境，都包含有"矛盾冲突事件"，即与学生原有的经验相矛盾的事件，激发学生主动探索的欲望。

2. 学法

学生通过观察、讨论、分析去发现知识，逐渐培养其自主学习的习惯和能力，通过探究活动和课上的交流，体验知识获得的过程，感悟科学探究的方法，体会同学间合作的魅力，享受探究性学习的乐趣。同时这种方式也提高了学生分析问题的能力、语言表达能力，并促使学生进一步掌握科学探究的一般方法。

五、教学过程设计

1. 导入

教师向学生介绍本节课的主人公"陈好"，以陈好的故事为线索，引导学生对红绿色盲这种遗传病进行探索。播放视频并提出问题：

（1）陈好犯了什么交通规则？为什么他会闯红灯？

（2）红绿色盲的表现是什么？

（3）警察为什么说红绿色盲改不了？

在上述问题的基础上，教师导出"伴性遗传"的概念——控制某种性状的基因位于性染色体上，也就是说总是和性别相关联的现象，就叫作伴性遗传。

创设问题情境，激发探究欲望。

2. 新课学习

（1）利用遗传学图谱（见图1），分析人类红绿色盲症。指出Ⅲ6号个体为陈好。

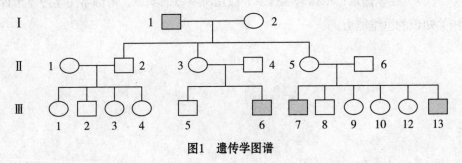

图1　遗传学图谱

提出问题请学生思考。问题如下：

①红绿色盲基因是显性基因还是隐性基因？

②红绿色盲基因位于X染色体上，还是位于Y染色体上？

（2）教师展示人的正常色觉和红绿色盲的基因型和表现型表格，供学生在导学案上填表（表1中的基因型和表现型由学生填写）。

表1 人的正常色觉和红绿色盲的基因型和表现型

	女性			男性	
基因型	X^BX^B	X^BX^b	X^bX^b	X^BY	X^bY
表现型	正常	正常（携带者）	色盲	正常	色盲

（3）推测陈好及其父母、外祖父母的基因型。教师根据表中的红绿色盲的基因型和表现型，让学生分析人类红绿色盲的遗传方式，并推测陈好父母及其外祖父母的基因型。

（4）分小组讨论并写出陈好父母及外祖父母婚配后的遗传图解，每个组派一个代表在黑板上写出遗传图解，教师对学生所做遗传图解的规范性进行纠正。

（5）教师利用大屏幕展示，根据两个遗传图解总结伴X隐性遗传的一般规律。

①通常为交叉遗传（隔代遗传）。色盲的典型遗传过程是外公—女儿—外孙。（故事情节为：陈好外祖父传陈好母亲，陈好母亲传陈好）

特别提醒：虽然色盲父亲把色盲基因传给女儿，但是女儿不一定患色盲。

②女性色盲，她的父亲和儿子一定都是色盲。

③正常男性的母亲和女儿一定正常。

（6）播放视频，介绍现代科技产品——色盲眼镜。

（7）趣味探索：根据兴趣探索，应用所学习的知识，锻炼学生学习本节课相关知识的思维能力。

第3节 伴性遗传（第一课时）——人类红绿色盲症（导学案）

【自主学习1】

下图是一个红绿色盲家系遗传图谱，观察分析并思考以下问题。

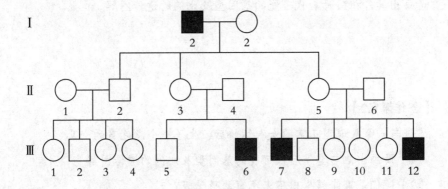

（1）红绿色盲基因是显性基因还是隐性基因？

（2）红绿色盲基因位于X染色体上还是Y染色体上？

【自主学习2】

请写出人的正常色觉和红绿色盲的基因型和表现型（色盲基因用b表示）。

	女性			男性	
基因型					
表现型					

【合作探究1】

分组合作，对下面的问题进行讨论、辨析和探究。

1. 骑三轮车的陈好，他的父母表现型均正常

请画出陈好父母后代可能的基因型及比例的遗传图解。

2. 陈好的外祖父患色盲，外祖母不携带色盲基因

请画出其外祖父母后代可能的基因型及比例的遗传图解。

【合作探究2】

陈好与一个表现型正常的女人结婚后，生了一个患色盲的女儿。

（1）请画出他与妻子后代可能的基因型及比例的遗传图解。

（2）他们是否能够生出不患色盲的孩子呢？

【合作探究3】

陈好的女儿长大后与一个表现型正常的男人结婚。

（1）请画出陈好女儿与女婿后代的基因型及比例的遗传图解。

（2）假如你是医生，你建议陈好的女儿生男孩还是女孩？

【总结特点】

根据陈好家系的遗传图谱，总结伴X染色体隐性遗传病的特点：

（1）交叉遗传。

（2）常常表现为隔代遗传。

（3）患者男性多于女性。

【趣味探索】

陈好的妻子又为他生了一个孩子,这个孩子长大后发现其不患色盲,下图中遗传系谱图B为陈好的家庭,但是多年后陈好接到医院的通知,他的孩子与同一天在医院生产的A家庭抱错了,请确定这两个家庭之间抱错的孩子是谁。

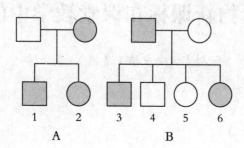

浅谈高中生物新课标在课堂教学中的指导应用

深圳市宝安中学（集团） 李金洋

随着科学技术的发展和知识的不断更新，现阶段对高中生物教学提出了新的要求。高中生物不仅仅作为"知识"被学生理解与接受，学生更要在学习的过程中形成一种能力，以培养学生的生物学学科素养为目的的生物学习才能真正发挥学科的魅力，促使学生深层次地理解、构建、挖掘生物学知识，并且应用生物学知识，从多个角度看待生物学问题，鼓励学生有自己的生物学见解，满足学生不同的需求，促进学生在系统整合知识的基础上，更多地获得实验体验，深入了解科学发展史，创造合适的情境来应用所学的知识，因此，以核心素养为宗旨，围绕学科核心素养来展开生物学教学，将课程内容少而精地呈现出来，以实践活动贯穿生物教学等无疑成了现阶段高中生物教师的一个非常重要的任务。新课标提出："学科核心素养是学科育人价值的集中体现，是学生通过学科学习而逐步形成的正确价值观念、必备品格和关键能力。生物学科核心素养包括生命观念、科学思维、科学探究和社会责任。"下面，本文以高中生物实际教学案例为例，着重从生物学学科核心素养的四个维度对教学案例进行分析，从四个维度谈一谈新课标在实际课堂教学中的应用。

以高中生物必修1第4章第2节《生物膜的流动镶嵌模型》教学设计为例。

一、教学目标

1. 知识目标

简述生物膜的结构。

2. 能力目标

探讨在建立生物膜模型的过程中，实验技术的进步所起的作用。

3. 情感态度与价值观

认同结构与功能相适应的生物学基本观点。

二、教学重点和难点

1. 教学重点

流动镶嵌模型的基本内容。

2. 教学难点

探讨建立生物膜模型的过程如何体现结构与功能相适应的观点。

三、教学用具

多媒体PPT、教学模型。

四、教学过程

表1 教学过程表

教学内容	教师活动	学生活动	教学意图
1. 导入	【复习导入】 利用上一节课学习的水稻和番茄对不同的离子的吸收量不同，启发学生思考生物膜是一种什么膜，它的功能特点有哪些，进而利用结构与功能相适应的生物学基本观点，让学生思考生物膜的结构是怎样的，从而进入本节课的学习	回忆所学习的知识，回答并思考问题	复习旧知识，保证知识的连贯性
2. 引入科学家探究生物膜的时间轴	【从宏观时间轴展现探究历程】 以时间轴的形式对每个科学家的科学探究进行宏观的描述		使学生形成整体的印象
3. 进入第一个时间点	19世纪末，在科学技术不发达的情况下，欧文顿的探索经历。从功能入手探索结构，展示PPT中的动态图，促进学生宏观上的理解		引发学生对生物膜探索的兴趣与热情
4. 进入第二个时间点	20世纪初，应用化学手段分析生物膜的主要成分是脂质和蛋白质，引出疑问：磷脂分子的结构是怎样的？	思考并探究	

教学内容	教师活动	学生活动	教学意图
5. 进入第三个时间点	【模型构建】 1917年，美国科学家朗姆瓦对磷脂分子结构的提出。从磷脂分子的特点出发，请学生利用生物模型来构建单层磷脂分子在水面上的排布，进而更深入地联系到磷脂双分子层在细胞膜上的排布	学生到黑板上，其他学生边讲边让其画出来，并让学生解释原因	培养学生思考与动手的能力
6. 进入第四个时间点	【模型构建】 提出疑问：蛋白质的位置应该如何排布？随着科学技术的发展，电子显微镜的引入，介绍新的研究成果，并引入"冰冻蚀刻技术"，构建蛋白质的位置	学生到黑板上构建蛋白质的位置关系	
7. 进入第五个时间点	再次利用结构与功能相适应的观点，动画播放白细胞吞噬病菌，以及变形虫的运动，探究生物模型的结构，1970年，科学家的人鼠细胞融合实验，将结论提出		延续结构与功能相适应的观点
8. 进入第六个时间点	总结科学的不断探究过程，1972年，桑格和尼克森提出了"流动镶嵌模型"，并指出生物膜的结构特点与功能特点		
9. 糖链的位置	【模型构建】 将糖链的位置关系进行补充，构建模型		
10. 复习第3章的知识，带入结构与功能的内容	将第3章的知识带入，详细介绍哪个结构对应哪个功能		
11. 总结	对所讲述的时间轴进行总结，强调科学技术的发展对生物膜的流动镶嵌模型形成的推动作用		

五、教学案例分析

在以上教学案例中，有很多地方都能够体现科学素养的四个维度，但是也有诸多的不足之处，还有待改进，使之能够更加符合新课标的理念。下面对本教学案例中，能够体现四个维度及其不足之处进行简要的分析。

1. 生命观念

（1）在教学内容1中，导入过程从功能入手，进而提出结构与功能相适应的生物观念，启发学生从分子水平探究细胞膜的功能，体现了"生命观念"的维度。

（2）在教学内容2中，科学技术的限制，导致科学家从功能入手去探究结构，体现基本的观念。

（3）在教学内容10中，在以大量的知识作为铺垫的基础上，让学生回顾以前所学习的知识，能够从中更加深入地分析每个结构对应的功能，对生命现象进行更加深入地体会，从而牢固的形成结构与功能相适应的基本观念。

（4）由于学生正在建立观念，在此，教师可以多举例子，联系以前的学习来布置任务，让学生主动从所学习的知识中去寻找答案。

2. 科学思维

（1）学生通过对整个细胞结构科学史的探索，能够以特定的生物学事实为基础形成简单的生物学概念，从而能够简单地解释生命现象，形成科学思维。

（2）每个时间点，实际上是给了学生问题的情境和证据，让学生主动运用问题的情境和证据进行归纳与概括，进行模型的构建，并探索其中的原理，阐明其中的内涵，达到锻炼学生科学思维的目的。

（3）每个科学史在提出结论之前，引导学生进行逻辑推理，阐明个人立场，对可能的结论进行猜测，形成主动思维的习惯和能力。

（4）在科学史中，学生沿着时间轴进行探索式学习，已经激发了一些兴趣，形成了一定的理性思维能力，教师应让学生回去进一步将时间轴进行完善，有利于个性化发展理性思维。

3. 科学探究

（1）本节课提供的模型，是学生进行科学探究的手段，在利用模型进行探究的过程中，学生之间能够进行交流，与他人合作共同完成探究过程。

（2）在探究过程中，教师给予适当的条件，学生针对教师所给出的条件进行探究，设计方案并进行修正。

（3）探究的过程应该是学生思考并动手的过程，教师在此并没有给予学生过多的思考时间，有可能导致学生没有体验完整的探究过程而达不到预期的效果，并且，对于错误的构建方式，教师还应引导学生进行纠正，并说明原因，以此锻炼学生的探究能力与思维能力。

4. 社会责任

（1）学生在了解了生物学的研究离不开科学技术的情况下，能够更加关注生物学技术在生产生活中的应用，但是，教师对学生没有进一步的指导，有可能使其仅仅停留在课堂学习的层次上。

（2）学生通过了解生物学的基本观点，辨别并揭穿伪科学，因此，教师应延伸到崇尚科学的层次，在学生的头脑中形成科学观念。

在新课标的指导下，相信学生会对生物有一个全新的认识，形成良好的学习方式，使得生物能够发挥它的价值。教师只有围绕新课标进行教学设计，并且不断地理解与改进，才能够不断完善教学水平，让学生认识到生物学在促进科技发展、社会进步和提高人类生活质量等方面的重要贡献，形成科学思维的习惯，为继续学习和走向社会打下必要的基础。

基于课程标准下"种群数量变化"的教学设计

深圳市宝安中学（集团） 黄成涛

一、教学目标

（1）通过对细菌种群数量变化的分析和讨论，能用模型与建模的科学思维，说明构建种群增长模型的方法。

（2）通过实例分析，尝试构建种群增长的数学模型。

（3）关注人类活动对种群数量变化的影响，以及种群数量变化对人类生活的影响。

二、教学设计思路

在教学过程中，循着现象—本质—现象的路径，通过分析问题—探究数学规律—构建数学模型—解决实际问题的方法，引导学生从现象得出规律和本质，与学生达成数学模型能够有效表达生物学规律的认知。改变为计算而计算，为了数学而数学的错误认识。

三、教学过程

1. 课题引入，尝试构建模式

课堂展示细菌分裂的视频。提示：细菌每20min左右通过分裂繁殖一代。引导学生思考：①1个大肠杆菌，随着时间的推移，大肠杆菌数量有何变化？②如何才能规范而又准确地记录对应时间下的大肠杆菌种群数量？（学生会想到表格，引导学生设计表1）。

表1 记录表

时间（min）	20	40	60	80	100	120	140	160	180
数量（个）									

在设计完表格后，进一步引导学生：在营养和生存空间没有限制的情况下，1个大肠杆菌每20min分裂繁殖一代，在分裂第t次后会繁殖出多少大肠杆菌？（学生利用数学递推法，写出分裂t次后细菌数目N_t的计算公式，即$N_t=2^t$。）

进一步让学生思考，$N_t=2^t$中"2"是指什么意思？（学生会说出是大肠杆菌本次分裂产生的个数是上一次的2倍，即增长倍数）如果种群数量的增长倍数是λ倍，种群数量用什么公式表示？（学生会想到$N_t=\lambda^t$）。如果种群起始数量是N_0，种群数量用什么公式表示？（学生会得出$N_t=N_0\lambda^t$）

小结构建数学模型的一般方法：①观察研究对象，提出问题；②提出合理的假设；③用适当的数学形式对事物的性质进行表达；④对模型进行检验或修正。

2. 实例分析构建模型

例1 1859年，一位英国人来澳大利亚定居，同时带来了24只野兔。1个世纪之后，这24只野兔的后代竟达到6亿只以上。如何利用数学模型解释野兔种群数量增长变化？

引导学生完成模型建构：①观察研究对象及提出问题（短短100年，24只野兔的后代为何竟达到6亿只以上？）。②可以提出合理的假设（食物和空间条件充裕，条件适宜，没有天敌等；种群的起始数量为24只，并且第二年的数量是第一年的λ倍）。③尝试用何种数学形式对事物的性质进行表达？（1年后种群数量$N_1=24\times\lambda$，2年后种群数量$N_2=24\times\lambda^2$，t年后种群数量$N_t=24\times\lambda^t$）

进一步引导学生建构曲线，如图1①所示。尝试分析用公式和曲线表达种群数量增长的利弊（公式准确，不直观；曲线直观，不准确）。

小结：由于曲线形似字母"J"，命名为种群增长的J形曲线。自然界一些种群数量的增长也呈现J形曲线，如某种群刚迁入一适宜的环境，如某岛环颈雉的种群数量的增长等。

例2 高斯在0.5mL的培养液中放入5个大草履虫，每隔24h统计其数量，结果出现了如图1中②所示的结果，呈现出的不是J形曲线。

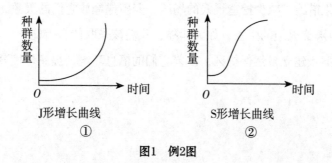

图1　例2图

引导学生思考：①曲线形状像什么（S形）；②分析种群数量增长过程（在第二天和第三天增长较快，第五天就维持在375个左右）；③种群达到数量稳定的数量值称为什么？（K值，又叫环境容纳量）。

进一步引导学生从环境阻力的角度（出生率和死亡率角度）分析产生S形曲线的原因？（随着种群密度的增大，种群内斗争加剧、天敌等不适应其生存的因素的增加，即环境阻力增大，导致出生率下降，死亡率升高。最后出生率和死亡率处于平衡，种群的个体数量达到稳态。）

小结：比较J形曲线和S形曲线的形成条件、有无K值以及相应的增长速率的变化，完成表2。

表2　记录表

项目	J形曲线	S形曲线
形成条件		
有无K值		
增长速率变化		

3. 利用模型，解决实际问题

例3　为了保护鱼类资源不受破坏，又要可持续获取最大捕获量，应该保持鱼类处于何种数量水平？

参考答案：鱼类种群数量保持在K/2附近。

例4　对家鼠、蟑螂等有害动物的控制，从环境容纳量的角度，如何采取措施？

　　参考答案：将食物储存在安全处，断绝或减少这些有害动物的食物来源，室内采取硬化措施，减少挖造巢穴的场所、养殖或释放它们的天敌，等等。

　　例5　对濒临灭绝的生物，如大熊猫，我们该采取什么措施？

　　参考答案：建立自然保护区，改善它们的栖息环境，提高环境容纳量。

光合作用和细胞呼吸产生的［H］的区别

深圳市宝安中学（集团） 黄成涛

高中生物学教材中提到，光合作用和细胞呼吸的过程中都有［H］产生。这里的［H］的表示方法虽然相同，实际却是不同物质的缩写。为了进一步辨析［H］，我们有必要对它们的不同之处进行深入的对比和分析。

一、［H］产生的场所和途径不同

光合作用是指绿色植物通过叶绿体，利用光能，把二氧化碳和水转化成储存着能量的有机物，并且释放出氧气的过程。光合作用的过程十分复杂，根据是否需要光，可大致分为在类囊体膜上的光反应和叶绿体基质中的暗反应两个阶段。光合作用中的［H］就是在光反应阶段产生的。类囊体膜上的色素吸收光能后，进行十分迅速的氧化还原反应。该过程将H_2O分解，氧直接以分子形式释放出去，H^+释放并转移到类囊体腔，与辅酶结合形成［H］。

细胞呼吸是指有机物在细胞内经过一系列的氧化分解，生成二氧化碳或其他产物，释放能量并生成ATP的过程。细胞呼吸根据是否有氧气的参与，可分为有氧呼吸和无氧呼吸两种类型。细胞呼吸中的［H］就是在有氧呼吸第一个阶段（也是无氧呼吸第一个阶段）和第二个阶段产生的。第一个阶段是在细胞质基质中发生的，1分子葡萄糖分解成2分子的丙酮酸，产生少量［H］；第二个阶段是在线粒体基质中发生的，丙酮酸和水彻底分解成二氧化碳，同时产生了大量的［H］。

二、与[H]结合的辅酶不同

光合作用和细胞呼吸过程中产生的[H]，不是以游离的形式存在的，而是与辅酶（脱氢酶）结合形成氢的传递体。常见的辅酶辅助因子有四种，都是维生素B_2的衍生物，分别是NAD^+（辅酶Ⅰ）、$NADP^+$（辅酶Ⅱ）、FMN^+（黄素单核苷酸）、FAD^+（黄素腺嘌呤二核苷酸）。

光合作用产生的[H]是指$NADP^+$（辅酶Ⅱ）与H^+结合形成的NADPH（还原性辅酶Ⅱ），细胞呼吸产生的[H]存在方式相对复杂。第一个阶段产生的[H]是指$NADP^+$（辅酶Ⅱ）与H^+结合形成的NADPH（还原性辅酶Ⅱ）；第二个阶段产生的[H]除了$NADP^+$（辅酶Ⅱ）与H^+结合形成的NADPH（还原性辅酶Ⅱ），还存在FAD^+与H^+结合形成的$FADH_2$。

三、[H]的用途不同

[H]在细胞内的含量很少，这是因为[H]的合成和分解不停地在发生，并且处于动态平衡之中。光合作用和细胞呼吸过程中产生的[H]最终的用途也是不一样的。光合作用光反应产生的[H]将在暗反应中使用，将C_3还原，脱落下来的$NADP^+$（辅酶Ⅱ）将再次用于光反应阶段。

有氧呼吸第一、二个阶段产生的[H]将在有氧呼吸第三个阶段使用。[H]在线粒体内膜上与氧结合形成水，同时释放出大量能量；无氧呼吸第一个阶段产生的[H]，将用于还原丙酮酸，生成乳酸或酒精。

下面我们来看一道题。

例题：表1是关于[H]产生的细胞器、来源、用途的比较，正确的是（　　）。

表1　[H]的分析

选项	细胞器	来源	用途
①	叶绿体	水的光解	还原五碳化合物
②	叶绿体	水的光解	还原三碳化合物
③	线粒体	丙酮酸的分解	与氧结合生成水
④	线粒体	葡萄糖和丙酮酸的分解	与氧结合生成水

A.①②　　　　B.③④　　　　C.②③　　　　D.②④

答案D

通过对［H］深入的辨析，让学生加深对生物学概念的理解，更加主动地参与学习，养成科学性思维的习惯，也有利于教师的教学更有针对性，注意区分概念，防止混淆。

核心素养视角下聚焦"社会责任"培养

——"人民币上微生物的培养"实验探究设计

深圳市宝安中学（集团） 梅基宝

一、课题背景

人民币与人们的生活密切相关，一张张人民币可能一昼夜间被来往人员带到天南海北。随着改革开放和经济全球化，人民币的流通速度更快范围更广，在流通环节中引发细菌类病原体的传播也日趋严重。基于当今学生对人民币作为细菌性疾病的传染源存在模糊认识，结合生物选修1专题2"微生物的培养与应用"，设计可操作的课外活动——检测人民币上的微生物，通过课外活动探究和实验结果分析，让学生了解人民币上携带的细菌数量惊人，由此对学生进行健康教育，在校园内进行卫生宣传。

二、教学目标

根据新课程标准的示范，教学目标要依据内容要求、学业要求和学业质量标准，围绕培养学生核心素养的目标制订。本课目标设定如下：

其中，目标1着重体现了"科学探究"的核心素养，目标2着重体现了"社会责任"的核心素养。

（1）正确运用稀释涂布平板法，领悟实验原理，交流实验体会，培养科学探究能力。

（2）通过体验人民币上细菌的分离培养，关注微生物与人类的关系，培养卫生健康意识的同时，增强对现实生活的科学感悟，关注社会议题，增强"社会责任"意识。

三、学情分析

学生已经完成了必修1、2、3以及选修1的学习，已经熟悉了微生物的结构特点、代谢类型和增殖方式，在选修1中也已经知道有关培养基的知识和无菌技术，懂得稀释涂布平板法的原理和操作流程。

引导学生从生活中取材，通过动手实践来拓展对微生物的认识，将已学知识与现实问题相结合，加深对实验操作流程的理解，帮助学生整理和生成属于自己的知识体系。

四、微生物培养的实验原理

微生物的纯培养，选用稀释涂布平板法，在稀释度足够高的菌液里，聚集在一起的微生物被分散成单个细胞。在牛肉膏蛋白胨培养基上操作，经培养后在培养基表面可形成由单个细胞繁殖而来的、有一定形态结构的子细胞群体，这就是菌落。通过菌落的数量可以推测稀释菌液中的微生物数量。

五、材料与用具

人民币若干、无菌水、培养皿、试管、酒精灯、试管架、移液管、胶头滴管、涂布器、恒温箱、无菌玻璃棒、无菌棉棒、酒精棉球、无脂棉、摇床、超净工作台。

六、课前准备

学生每四人为一组，便于实验用具的观察，知识的交流与归纳。教师提前制备好培养基，每组发放一个培养皿（已经配置好牛肉膏蛋白胨固体培养基）、一个锥形瓶（其中含有液体培养基）。

七、教学过程

1. 以新闻材料唤起思考

通过新闻视频的展示，引发学生对现实生活进行思考：在早餐摊点上买早点的时候，当摊主接过钱将早餐递过来的瞬间，是否想过在这个过程中会有细菌的传播呢？启发学生通过实验检测人民币上细菌数量，回忆相关知识，并开展实验。

2. 实验操作

（1）取样

① 随机取1角、5角、1元硬币各20枚，用50mL无菌水清洗，在摇床上以180r/min的速度振荡10min，获得菌液。

② 随机取1元、5元、10元、20元、50元、100元纸币各20张，分别以无菌棉棒刮滑纸币表层20次，将无菌棉棒浸入50mL无菌水，多次振荡获得菌液。

（2）稀释菌液

将菌液用无菌水进行稀释，配成一系列梯度（如10^{-1}倍、10^{-2}倍、10^{-3}倍）的稀释液。

（3）涂布平板操作

将涂布器浸在盛有酒精的烧杯中，取少量菌液（不超过0.1mL）滴加到培养基表面。将沾有少量酒精的涂布器在火焰上引燃，待酒精燃尽后，冷却8～10s。在酒精灯火焰旁，用涂布器将菌液均匀地涂布在培养基表面。涂布时可转动培养皿，使菌液分布均匀。

（4）微生物培养

将接种后的培养基和一个未接种的培养基放入37℃恒温箱中，培养24h后，让学生观察并统计自己的实验结果。

3. 实验成果交流

让学生展示实验成果，将统计数据进行分析得出结论，并指导学生回顾实验中成败的原因，进行总结。

4. 成果应用于校内卫生宣传

教师对汇报情况进行评价，就汇报的有代表性的问题组织全班学生进行讨论，引导学生联系生活，反思自己的卫生习惯，交流卫生知识，讨论良好卫生习惯的养成方法，并加强在学校里的卫生宣传，普及公共健康教育知识。

八、进一步探究（供选）

供选1：学有余力的同学，可以探究人民币是否是寄生虫的传播源。引导学生通过显微镜进行涂片镜检，观察并统计寄生虫卵的数量。

供选2：

信息1："经检测，人民币上最主要的细菌是大肠杆菌。"

信息2："不干净的食物往往含有沙门氏菌，人们在购买这些食物时，很容易将食物上的沙门氏菌沾到人民币上。"

教师补充以上信息，由学生自由选择，对所提到的菌种致病性进行资料查阅，让学生通过查阅资料，懂得人民币是致病细菌的传播途径之一。

基于科学探究培养核心素养的教学实践

——以"物质跨膜运输的方式"为例

深圳市宝安中学（集团） 梅基宝

一、设计理念

新课程标准的基本理念之一就是倡导科学探究。基本理念提到从科学思维、科学探究等方面发展学生的学科核心素养，也强调学生主动参与学习，让学生积极参与动手和动脑的活动，通过探究性学习活动，加深学生对生物学概念的理解，提升其应用知识的能力。

生物科学的许多事实和理论都是在不断探究中发展起来的。本课程试图通过对材料的分析、讨论以及活动的参与，培养学生获取新知识的能力，达到能够利用已有的生物学知识、证据和逻辑对生物学议题进行思考或展开论证的课程目标。

本课运用布卢姆的"发现学习"理论，变传统的"结构式教学"为"过程式教学"，让学生在对科学探究过程的体验中，发现和构建知识，并培养求真务实、敢于质疑、勇于创新的科学态度和科学精神，充分体现新课程的"科学思维"和"科学探究"的教学理念。

二、课程标准要求

表1　课程标准中概念的要求

核心概念	重要概念	次位概念
概念2细胞的生存需要能量和营养物质，并通过分裂实现增殖	2.1物质通过被动运输、主动运输等方式进出细胞，以维持细胞的正常代谢活动	2.1.1阐明质膜具有选择透过性
		2.1.2举例说明有些物质顺浓度梯度进出细胞，不需要额外提供能量；有些物质逆浓度梯度进出细胞，需要能量和载体蛋白
		2.1.3举例说明大分子物质可以通过胞吞、胞吐进出细胞

三、教学目标

根据新课程标准的示范，教学目标要依据内容要求、学业要求和学业质量标准，围绕培养学生核心素养的目标制订。本课目标设定如下：

其中，目标（1）（2）着重体现了"生命观念"的核心素养，目标（3）着重反映了"科学思维"和"科学探究"的核心素养。

（1）使用比较的方法，列表比较物质进出细胞的方式，认识结构与功能的统一性，形成结构决定功能的生命观念，理解生命获取营养物质的方式。

（2）能够举例说明小分子和离子、大分子进出细胞的方式，阐明基本机理并理解选择透过性的本质。

（3）通过物质进出细胞的案例，在分析讨论的过程中，培养学生根据证据进行推理分析的能力，培养科学思维，提升科学探究能力。

四、教学重难点

1. 重点

描述物质进出细胞的过程。

2. 难点

比较物质进出细胞的各种方式的异同。

五、教学过程

表2　教学过程表

程序	教学过程		设计意图
	教师活动	学生活动	
复习导入	以问题串复习生物膜的结构和结构特点： （1）细胞膜的基本结构是什么？ （2）蛋白质在磷脂双分子层上如何分布？ （3）细胞膜的结构特点是什么？ （4）流动性是怎么体现的？ 【动画演示：生物膜的流动性】 磷脂分子可以左右摆动或者旋转，并在磷脂分子之间形成比较小的缝隙，蛋白质分子是可以移动的（上下移动或者旋转或者翻转）。"嵌入"的蛋白质可由细胞膜的一侧移动到另一侧（载体蛋白）。"贯穿"蛋白质的中间形成了通道（通道蛋白）。 能运动就表明分子间有缝隙，这就为物质进出细胞创造了机会	磷脂双分子层 平铺、嵌入、贯穿 具有一定的流动性	与已有的知识联系，引出本节课的思考问题
引出问题	大胆猜测：物质可以从细胞膜的哪些部位穿过？	初步猜测：小分子可以穿过磷脂分子之间的缝隙进出细胞；较大的分子可能在蛋白质的帮助下才能进出细胞	引出问题，大胆猜测，养成用科学探究解决问题的习惯
启发研究思路	猜测是否正确呢？这就是我们今天要探究的重点。 如果我们要探究细胞膜中磷脂和蛋白质在物质进出时分别起什么作用，第一步该怎么做？	讨论回答： 将磷脂双分子层和蛋白质分开，即剔除磷脂双分子层中的蛋白质，单独研究磷脂双分子层的作用。再研究含有蛋白质的磷脂双分子层，最后对比说明蛋白质的功能	启发学生单独研究的思路，培养学生的科学思维
解决教材思考	阅读教材"问题探讨"并观察一下什么样的分子能够通过磷脂双分子层，什么样的分子不能通过		

程序	教学过程		设计意图
	教师活动	学生活动	
解决教材思考	能通过的物质有什么特点？ 根据我们初中学习的知识，氧气的运动方向是怎样的？ 给出扩散的概念：物质由高浓度一侧向低浓度一侧转运，红墨水在清水中扩散，向空气中喷空气清新剂（气体扩散）都属于扩散。 再给出自由扩散的概念：物质通过简单扩散作用进出细胞，叫作自由扩散	主要是气体或者脂溶性小分子。 氧气多→氧气少 学习自由扩散方式	从教材给定的材料出发，掌握第一种物质进出方式——自由扩散
探究过程一	葡萄糖不能通过人工脂双层。难道细胞不需要葡萄糖吗？请看资料1。 【资料1】葡萄糖是人体主要的能源物质。红细胞中的葡萄糖来自血浆。无论是饭后还是饥饿早期，血浆中的葡萄糖浓度都高于红细胞中葡萄糖的浓度，使葡萄糖能顺利地进入红细胞。 提问： （1）血液中的葡萄糖进入红细胞，是从高浓度→低浓度还是从低浓度→高浓度？ （2）结合刚才的分析，你认为葡萄糖进入红细胞的方式是自由扩散吗？ 教师给出相关材料：葡萄糖不能通过无蛋白质的人工脂双层，但是葡萄糖能穿过细胞膜进入红细胞。 进一步推测：葡萄糖进入红细胞与红细胞膜上的什么有关？ 这些特殊蛋白质叫作载体蛋白，物质需要借助载体蛋白进出细胞的方式，叫协助扩散	阅读资料 高浓度→低浓度 有人认为葡萄糖进入红细胞的方式是自由扩散，有人认为不是。 葡萄糖进入红细胞与蛋白质有关。较大的分子不能穿过磷脂分子之间的缝隙，但是可在特殊蛋白质的帮助下穿过细胞膜。 学习协助扩散方式	通过层层资料分析，递进质疑，推测出存在第二种物质进出方式——协助扩散
探究过程二	【动画对比自由扩散和协助扩散】 由于"高"和"低"之间存在势能差，故物质通过扩散的方式跨膜运输是不需要细胞提供能量的。所以自由扩散和协助扩散统称为被动运输	归纳两种方式的异同点 学习被动运输	通过动画的逐步观察分析，归纳成表格文字，培养学生归纳总结的能力

程序	教学过程		设计意图
	教师活动	学生活动	
探究过程三	上述两种运输方式能满足细胞对所有物质的需求吗？ 【资料2】教材表4-1"丽藻细胞液与池水的多种离子浓度比"。 提问： （1）K⁺是顺浓度梯度还是逆浓度梯度进入丽藻细胞的？ （2）如果仅靠自由扩散和协助扩散，会出现这种逆浓度梯度的运输，即离子由低浓度一侧向高浓度一侧转运吗？ 猜想：这种特殊的转运还需要什么条件？ 猜想是否正确呢？请看资料3。 【资料3】1. 用人工膜进行实验时，在一般情况下，即使膜两侧具备浓度差，K^+也不能通过人工脂双层。如果在这个脂双层膜上，滴加少量缬氨霉素（一种蛋白类抗生素），则K^+便可以通过。 2. 若向细胞膜上注射氰化物（抑制能量的形成），细胞对K^+的吸收减缓或停止。 通过这则资料，可以得出什么结论？ 教师补充主动运输的实例： 【资料4】小肠上皮细胞靠近肠腔一段的细胞膜呈"刷"状，这大大增加了细胞膜的表面积。有人经过计算发现，若将人的小肠全部展开，其吸收面积有400m²。这么大的吸收面积，足以导致食物分解后在局部形成的葡萄糖浓度比小肠上皮细胞中的要低。 提问：（1）葡萄糖是以何种方式由肠腔进入小肠上皮细胞的？ （2）葡萄糖跨越小肠上皮细胞膜进入到组织液，需要蛋白质参与，据此你觉得葡萄糖是以何种方式进入到组织液的？ 将葡萄糖进入红细胞跟进入小肠上皮细胞的方式做比较。——相同物质进入不同细胞的方式不同	 逆浓度梯度 应该不能 需要载体蛋白和能量。 阅读资料 K^+的跨膜运输还需要载体蛋白和能量。 阅读资料 主动运输 协助扩散	通过资料的层层补充，对问题的探讨也层层深入，从而达到知识结构的层层丰富。归纳总结出存在第三种物质进出方式

程序	教学过程		设计意图
	教师活动	学生活动	
探究过程三	【联系高考】 （1）肠腔当中的葡萄糖进入红细胞需要跨越几层膜？ （2）小肠上皮细胞中的葡萄糖进入红细胞需要跨越几层膜？ 【动画对比三种运输方式】	5层 4层 归纳三种方式的异同点	
活动模拟	【课前准备】：6张卡片（O_2、K^+、葡萄糖、K^+载体、葡萄糖载体、能量 【角色】：两列学生模拟红细胞膜的磷脂双分子层，5名学生手持相应卡片分别扮演O_2、K^+、葡萄糖、K^+载体、葡萄糖载体。 【活动规则】：1.两列学生面对面站立，手牵手。 2."载体"在磷脂双分子层上找位置站立。 3.O_2、葡萄糖、K^+均要依次走到磷脂双分子层、葡萄糖载体、K^+载体面前，前者询问"我能进入吗？"后者作回答并做出相应行为		角色扮演，模拟跨膜运输
胞吞胞吐	教师：如果我是一种蛋白质，比膜上的载体蛋白还大。此时我想进去，该怎么办？ 【播放胞吞、胞吐动画】提问： （1）胞吞的过程同以前学习过的哪个例子很像？ （2）胞吐的过程同以前学习过的哪个过程非常相似？ （3）胞吐需要消耗能量吗？ （4）胞吞和胞吐体现了细胞膜的什么特性？ 归纳胞吞、胞吐特点	（1）白细胞的吞噬作用，变形虫摄食。 （2）分泌蛋白运输到细胞外。 （3）需要。 （4）一定的流动性。 归纳胞吞、胞吐特点	提出新疑惑，补充大分子蛋白质进出细胞的方式

六、教学反思

本节课通过对教材内容的合理整合，以及各种教学技术的应用，在系列探究性问题的引导下，充分调动学生的积极性，提高学生的探究能力，使学生逐步认识到科学研究的价值。本节课围绕新课程标准理念展开设计，设计亮点如下。

1. 从教学材料的角度

（1）坚持将教材上的材料充分使用，充分挖掘教材的引导性和逻辑性。本课从导入就沿用细胞膜流动镶嵌模型材料进行复习，新课环节的部分材料也是取自课本图例，且不拘泥于教材，辅助以补充资料，从课本出发又跳出教材，解决实际问题。

（2）对教材现有资料的思考：引用了高考题葡萄糖进入组织液是协助扩散的例子，这是对现有教学材料的一个很好的补充。另外关于主动运输的条件，教材只介绍了丽藻细胞液与其生活的池水中离子的浓度比，从表格分析只能得出逆浓度梯度运输。对于载体蛋白、能量却没有提供探究性或推理性材料，故增设该部分资料，让课堂的探究性增强。

2. 从教学策略的角度

这是一堂基于资料分析的探究教学课。教师精心收集和加工图文资料，设计探究情境。由表及里提出有结构有启发性的问题串，引导学生一步步深入思考，促进学生"科学思维"和"科学探究"的生物学学科核心素养的养成。

3. 从课堂形式的角度

以资料分析为起点，落实知识，逻辑思维强。这堂课学生边看边学，边玩边学，边练边学，边总结边学。

围绕核心素养的情境导学实验课设计

——以"探究影响生姜蛋白酶活性的因素"为例

深圳市宝安中学（集团） 梅基宝

一、课题背景

姜撞奶是我国广东珠江三角洲地区流行的传统名优小吃，是以姜汁和牛奶为主要材料，煮开后即冲即饮的一道甜品，其味道香醇爽滑、风味独特，且具有暖胃表热的作用。教材实验"探究影响酶活性的条件"选用的酶是淀粉酶、猪肝中的过氧化氢酶，目前已经有较多的实验方案围绕教材给定材料展开。笔者基于对生物课程的生活化体验、促进学生对生物学科的探究兴趣等思考，对该实验的选材做出新尝试——生姜蛋白酶。

影响生姜蛋白酶活性的因素有温度、pH、姜汁的新鲜程度、牛奶的种类、钙离子浓度、牛奶和姜汁混合比例等，结合生产上"如何提高姜撞奶凝固速度"的现实问题，让学生自选一个因素，通过实验探究出使姜撞奶最快凝固的最适范围值（参数）。因此，把该课题的研究目的定位为"探究如何改进生产工艺参数，提高姜撞奶生产效益"，以期为规模化生产提供一定参考。

二、教学目标

根据新课程标准的示范，教学目标要依据内容要求、学业要求和学业质量标准，围绕培养学生核心素养的目标制订。本课目标设定如下：

其中，目标（1）着重体现了"生命观念"的核心素养，目标（2）（3）着重反映了"科学思维"和"科学探究"的核心素养，目标（4）着重体现了"社会责任"的核心素养。

（1）了解影响生姜蛋白酶活性的因素，认识结构与功能的统一性，形成结构决定功能的"生命观念"。

（2）运用已学知识设计可行性方案，掌握并运用控制变量法进行实验探究，培养"科学思维"，提升"科学探究"能力。

（3）分析讨论的过程中，培养学生根据证据进行推理分析的能力，尝试构建数学模型并做出合理解释，培养实验评价能力。

（4）通过生物课程生活化，增强学生对现实生活的科学感悟，激发学生运用生物学的知识与方法，关注社会议题，增强"社会责任"意识。

三、实验原理

姜撞奶的制作类似于牛奶的凝固，其凝固原理是鲜榨姜汁中含有生姜蛋白酶，在一定温度范围（40~100℃）内利用生姜蛋白酶的水解作用，在钙离子存在的情况下，通过疏水作用使乳蛋白凝固成固体。

四、实验材料及用具

水牛奶、奶牛奶、新鲜生姜汁、过夜生姜汁、过滤纱布、$CaCl_2$、烧杯、量筒、恒温水浴箱、冰块、酒精灯、石棉网、三脚架、温度计、火柴、玻璃棒、pH试纸等。

五、探究前的准备

① 网上下载姜撞奶的操作示范视频；②提前制作多份姜撞奶，实物供学生在探究前观察；③制作姜汁：生姜—去皮切片—榨汁—姜汁。

六、探究过程

1. 创设探究情境

从学生熟悉的姜撞奶入手，视频播放姜撞奶制作流程，引发学生对姜撞奶制作原理的求知欲，开启学生对姜撞奶特殊现象的原理的思考。让学生描述自已对姜撞奶的认识，教师补充姜撞奶的反应原理：牛奶是在生姜蛋白酶的作用下凝固的。

2. 引导探究

（1）提出问题

让学生思考从现实生产活动中如何提高姜撞奶凝固速度，试图让学生回顾酶的相关知识，结合教师提出的半开放式课题"探究影响生姜蛋白酶活性的最适_____"，引导学生提出自己想探究的角度，并在小组内讨论提出的问题能否通过探究找到答案。各小组代表汇报本小组的讨论结果，教师对各小组的探究角度进行评价，逐渐引导到有探究价值的问题上。

（2）作出假设

让学生对影响生姜蛋白酶活性的因素做出假设，将所做假设记录下来。

（学生可能有的假设：温度、pH、姜汁的新鲜程度、牛奶的种类、钙离子浓度、牛奶和姜汁混合比例等。）

（3）实验设计

各小组根据所做出的假设，完善设计实验方案。实验方案的设计包括正确选择实验的材料用具、设计具有可操作性的方法步骤、如何控制自变量并排除无关变量的影响，如何观察和检测因变量、如何记录实验结果等内容。

3. 进行实验

各小组学生分工合作，按实验方案进行实验，观察并记录数据，尝试用数学建模的方式处理数据。教师巡回指导，帮助各小组解决实验中出现的问题。

4. 结论和应用

（1）通过探究，得出小组的结论是_____。

（2）尝试应用酶的化学本质等相关知识，解释小组的结论。

（3）在姜撞奶生产流程中，应该注意什么问题？

七、表达与交流

1. 小组表达交流

教师随机选取一个小组，让小组代表将本组情况进行汇报交流，包括探究课题、做出的假设、实验中遇到的问题和解决问题的方法、实验的结论、实验是否成功及原因分析。教师听取其他小组的质询，进行必要的答辩。

2. 教师评价

教师对汇报情况进行评价，就汇报中有代表性的问题组织全班进行讨论，引导学生进行思考探究。

以科学探究为导向的一轮复习教学实践

——"酶的相关实验设计"教学设计

深圳市宝安中学（集团） 李爽

一、设计思路

科学探究是《普通高中生物学课程标准（2017年版）》中学科核心素养的重要组成部分。科学探究是指能够发现现实世界中的生物学问题，针对特定的生物学现象，进行观察、提问、实验设计、方案实施以及对结果的交流与讨论的能力。学生应在探究的过程中，逐步增强对自然现象的好奇心和求知欲，掌握科学探究的基本思路和方法，提高实践能力；在探究中，乐于并善于进行团队合作，勇于创新。这就要求教师转变生物教学观念，在探究性教学中扮演引导者的角色，让学生充分发挥主观能动性，成为课堂真正的主人，从而在常规教学中潜移默化地提高其生物学学科核心素养。

在高三复习课中，大多数教师以讲授为主，对知识点进行整理、归类，学生通过不断记忆和练习，达到知识点不断深化、解题能力逐步提升的效果。但是，这样的课堂教学模式背离了培养学生核心素养的教学目标。由于学生失去了主动参与课堂教学的主体地位，无法从课堂教学中体会到真正的乐趣，长此以往学习会变成了一种负担，学习效果会大打折扣。

笔者以"酶"为切入点，以多酶片的使用说明书作为贯穿课堂的线索，对酶的知识点进行复习，通过提供与实验相关的文字材料，学生对相关实验进行设计，最后利用预设的一些思考性问题帮助学生互相评价、修正实验设计，最后构建与酶有关的知识思维导图，以提高科学探究能力。本节课以"任务为主线、学生为主体、教师为引导"的模式，实现核心概念从抽象到具体的转变。

二、本节教学涉及的生物学概念

1. 大概念

细胞的生存需要能量和营养物质，并通过分裂实现增殖。

2. 重要概念

细胞的功能绝大多数基于化学反应，这些反应发生在细胞的特定区域。

3. 次位概念

绝大多数酶是能催化生化反应的蛋白质。酶的活性受环境因素（如pH和温度等）的影响。

基本概念：酶的本质、酶的特性。

三、学科核心素养

1. 生命观念

细胞作为基本的生命系统，只有不断地获取并利用能量，才能进行正常的生命活动。细胞的能量获取和利用要经历复杂的物质变化，这就离不开生物催化剂——酶。通过本节课的复习，使学生能初步运用酶的知识解释生活中的现象。

2. 科学思维和科学探究

（1）理解对照实验以及如何设置对照实验，变量的种类以及在实验过程中如何控制变量。

（2）提高思考问题、讨论问题、解决问题的能力，培养语言表达的能力及分享信息的能力。

（3）通过探究实验，培养学生交流、合作的习惯，同时也培养学生严谨、认真、实事求是的科学态度。

3. 社会责任

激发学生学习兴趣，使学生形成关心科技发展和社会生活的意识。

四、教材分析

"酶的实验设计"是人教版高中生物必修1《分子与细胞》第5章第1节"降

低化学反应活化能的酶"的核心内容。

通过对酶的本质和特性进行相关实验，掌握控制实验变量和设置对照实验的科学方法，培养学生的科学探究这一核心素养是本节课的重点以及难点。

突破策略：以小组合作学习为主对实验方案进行设计，采用教师引导，小组互评、总结的方式使学生能够积极主动地开展探究性学习。

五、学情分析

本节课是一节一轮复习的比赛课，学生的基础相对比较扎实。本节课的重点是以多酶片使用说明书为突破口，通过设计实验、评价实验、得出结论、构建思维导图，以提高学生科学探究能力，达到一轮复习的效果。

六、学习目标

通过探究实验的设计、分析、得出结论，进一步深化对酶本质和催化作用特性的理解。

七、教学过程

表1　教学过程表

教学步骤	教师活动	学生活动	设计意图
课堂导入	Q1：生活中哪些地方用到酶？ 提供材料1：多酶片图片和说明书	A1：加酶洗衣粉、生物酶牙膏、多酶片等	吸引学生注意力，激发学习兴趣
任务驱动，实验探究	探究活动一： Q2：多酶片中含有多种酶，酶的本质是什么？ 提供材料2： 材料：可溶性淀粉酶溶液、标准蛋白溶液、蒸馏水。 试剂：斐林试剂、双缩脲试剂、二苯胺试剂、吡罗红试剂、甲基绿试剂。	A2：绝大多数酶是蛋白质，少数是RNA。 A3：学生分组讨论后，在黑板上呈现设计思路，并进行说明。其他小组对设计思路、术语的运用等进行评价。	学生在设置对照组的时候容易出现失误，通过小组评价、总结，使学生明确什么是自变量、因变量以及无关变量，理清设置对照实验的原则，规范实验设计思路的书写模式。

教学步骤	教师活动	学生活动	设计意图
任务驱动，实验探究	Q3：请选择部分材料与试剂，写出设计思路，验证酶的本质是蛋白质。 Q4：选用哪种试剂来验证部分酶的本质是RNA？ 探究活动二： 提供材料1：多酶片图片和说明书。 Q5：多酶片中酶的种类很多，为什么？ 提供材料4： 材料：可溶性淀粉溶液、淀粉酶溶液、蔗糖溶液、蔗糖酶溶液、蒸馏水。 试剂：斐林试剂、双缩脲试剂、碘液。 Q6：请选择部分材料与试剂，写出设计思路，验证酶具有专一性。 探究活动三： 提供材料1：多酶片图片和说明书。 Q7：酶的含量这么少会有效果吗？为什么？ 提供材料3：质量分数为3.5%的$FeCl_3$溶液、质量分数为20%的肝脏研磨液、蒸馏水。 Q8：请用上述材料，写出验证酶具有高效性的实验步骤。 探究活动四： 提供材料1：多酶片图片和说明书。	总结： 实验设计思路应包含：选材及试剂选择、分组、设置对照、实验结果及结论四个方面。 A4：吡罗红试剂。 A5：酶具有专一性，不同种酶可以催化不同底物水解。 A6：小组讨论、展示、互评。 总结：本实验有两种设计思路，即自变量为不同底物或自变量为不同种酶。 A7：有效果，因为酶具有高效性。 A8：小组讨论、展示、互评。 总结：实验步骤不同于实验设计思路，应包含：分组编号、自变量处理、无关变量相同且适宜、因变量检测四部分内容。	在培养科学探究能力的同时提升语言表达能力。 加深对控制变量和设置对照实验方法的理解。 通过小组评价，修正实验设计的不合理之处。 在掌握了实验设计思路的书写模式的基础上，与实验设计步骤区分开，明确两者在书写模式上的异同点。

教学步骤	教师活动	学生活动	设计意图
任务驱动，实验探究	Q9：为什么多酶片不宜与过热的水一起服用，不宜与酸性和碱性药物同服？ Q10：以一道探究温度、pH对酶活性影响的高考选择题为例，请学生根据实验目的，找出实验设计的不合理之处	A9：酶的作用条件温和，温度、pH等能影响酶的活性。 总结：实验设计应注意的事项，如在探究温度对淀粉酶活性影响的实验中，温度梯度不能过大、不能使用斐林试剂进行检测等	进一步掌握实验设计的注意事项，避免操作失败
效果评价，总结反馈	根据本节课所复习的内容，构建酶有关知识的思维导图。教师进行点评。		通过学生构建的思维导图可以有效评价学生对相关知识的掌握程度

八、教学效果和反思

本节课利用科学探究的教学模式，以多酶片使用说明书为线索，通过布置任务、合作探究，进而构建酶的知识体系。让学生在一定的问题情境下，开展小组合作学习，组内合作、组间互评、全班交流、成果共享，取长补短，可以促进学生以不同方式培养创造性思维，把以学生为主体的理念贯穿整个教学过程。

整节课的教学设计环环相扣，教学内容丰富；要求学生灵活掌握探究性实验的设计方法，养成科学的思维习惯，同时提高了学生的语言表达能力，较好地达到了一轮复习的预期效果。因此，要把探究实验的主动权还给学生的同时顺利完成本节课的教学内容对教师和学生都有较高的要求：

（1）师生之间的相互信任。

（2）教师周密地设计教学程序。

（3）教师有效地调控教学过程。

（4）教师对学生实验探究能力的长期培养。

（5）学生对本节课的主要内容以及背景知识的初步了解。

"培养液中酵母菌种群数量的变化"实验设计

深圳市宝安中学（集团） 李阳

一、教材分析

"探究培养液中酵母菌种群数量的变化"实验是人教版高中生物教材必修3第4章第2节的一个探究实验。本实验要求学生运用已经学习的"种群数量增长曲线"和"构建种群数量变化模型"的相关知识，通过构建数学模型的方法、抽样检测法、显微观察法、微生物的实验室培养等，来探究酵母菌种群数量变化的情况。通过本实验也可以培养学生收集、处理和分析数据的能力，训练学生通过数学模型解释种群数量变化的能力，加深对种群数量变化的理解。

本实验照应教材核心主干知识，对培养学生的生物学学科核心素养有着重要意义，但原实验操作要花费7天时间，导致实验周期过长，且实验完成率和成功率低，因此，大多数学校选择对此实验避而不做。

二、学情分析

（1）在做本实验之前，学生已经具备一定的实验操作技巧，但对血球计数板的使用方法不甚了解。

（2）通过必修教材前面的5个探究实验，学生已经知道探究的一般步骤，但对实验设计和改进的能力仍需加强。

（3）必修1中有大量使用显微镜的实验，学生对使用显微镜已经不陌生，但教材中本实验要求持续观察，对学生具有一定的挑战性。

（4）经过了有丝分裂、减数分裂部分的学习，学生已初步了解数学模型的概念，但数学模型构建的能力有待提高。

三、教学策略

1. 教学方法

实验课程新标准的要求为"尝试建立数学模型解释种群的数量变动"，并建议开展"探究培养液中酵母菌种群数量的动态变化"的活动。结合课标的要求和实验存在的问题，本实验采用小组合作探究教学方法。通过小组合作探究，进行实验方案的优化改进，实验后学生交流评价实验效果，建立种群数量变化的数学模型。

2. 教学目标

（1）知识与技能目标

① 解释种群数量增长的一般规律。

② 说明构建种群数量增长数学模型的方法。

（2）过程与方法目标

① 掌握在显微镜下对酵母菌进行抽样检测的方法。

② 尝试建立酵母菌种群数量增长的数学模型。

③ 探究实验方案的改进。

（3）情感态度与价值观目标

激发科学探究的兴趣，培养严谨、创新的科研精神。

3. 实验创新

（1）本实验最大的困难在于历时较长，按照教材计划需连续观察7天，而有限的课时、紧凑的教学进度使很多教师无奈只能选择放弃本实验，仅从理论方面讲解。笔者经过思考，认为可以通过恰当的实验准备，使学生在一节课内完成本次实验。具体做法为：在预期实验日期前7天、6天、5天、4天、3天、2天和1天准备好酵母菌培养液。在实验当天，学生配置好酵母菌培养液、估算出酵母菌初始数量之后，立刻对其他7瓶酵母菌培养液依次进行观察统计，得到酵母菌在连续7天当中的数量变化数据。

（2）本实验的另一个困难在于学生对血细胞计数板的用法不熟悉，导致很多学生无法通过观察到的结果估算酵母菌种群密度，究其原因，还是学生对血细胞计数板的结构认识不清。笔者认为可以在实验之前用内部事先画线的披萨盒子和围棋子来模拟血细胞计数板和酵母菌，用宏观结构来展示微观原理，让学生更好地掌握血细胞计数板的原理和用法。

（3）本实验在观察时，会面临一些技术问题。若出现压线情况，通常按照"计上不计下，计左不计右"的原则处理。实际观察中发现某些酵母菌正在进行出芽生殖，在计数时若发现芽体已达到母体一半，则按两个酵母菌处理；若未达到母体一半，则按照一个酵母菌处理。

（4）实验的统计结果往往会比实际结果偏大，这是由于在后期计数时，往往会将死亡的酵母菌也计入总数。常见的处理方法是用台盼蓝进行染色，能被染色的酵母菌不计入总数。但由于台盼蓝本身对人体具有毒性，故本人认为可以将台盼蓝更换为无毒的亚甲蓝进行染色。

（5）寻找血细胞计数板的网格线和酵母菌菌体困难，主要是因为调焦存在困难，可以选取与酵母菌处在几乎同一焦距点的血细胞计数板的其他位置，并且是容易在显微镜下识别的有印刷文字的位置（见图1）。然后将有印刷文字的位置在低倍镜下对准通光孔进行调焦（见图2），在目镜中看清楚印刷文字（见图3）。然后移动血细胞计数板，使通光孔正对计数室（见图4），轻轻旋转细准焦螺旋，就可以很快在视野中找到网格线和酵母菌接近透明的菌体（见图5）。

图1　选取对焦视野（圆圈内文字）

图2　印刷文字对准通光孔

图3　目镜中清楚的印刷文字

图4　计数室对准通光孔

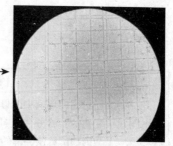
图5　轻轻旋转细准焦螺旋
即可找到清晰的视野

四、材料用具

酵母菌菌种、无菌马铃薯培养液、0.1%亚甲蓝染液、无菌水、试管、棉塞、恒温培养箱、显微镜、无菌滴管、无菌移液管、小烧杯或小试管、血细胞计数板（2mm×2mm）、纱布、滤纸、镊子、盖玻片、披萨盒、围棋子、马克笔等。

五、实验准备

（1）从实验日期7天前开始，每天中午12点取10mL菌液加入试管中，再加入0.1mL酵母菌提取液，混匀后用棉塞塞住试管口，分别标号为7、6、5、4、3、2、1组备用。

（2）取30cm×30cm的披萨盒一个，撕去顶盖，在盒内用黑色马克笔按照2cm间隔画线得到2cm×2cm的方格，再按照0.5cm间隔画线，得到0.5cm×0.5cm的小方格（见图6），以备演示使用。

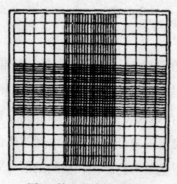
图6　披萨盒底画线示例

六、实验过程

表1　实验过程表

活动流程	学生活动	教师活动	教学意图
提出问题	在封闭的环境中酵母菌种群的数量是怎样随时间变化的？养分会影响酵母菌种群的数量吗？温度会影响酵母菌种群的数量吗？等等	针对学生提出的各种假设，教师引导学生思考如何设计实验	激发学生对酵母菌种群数量变化的好奇心，提出问题并做出假设
做出假设	酵母菌种群的数量随培养时间的延长而呈S形增长，或酵母菌种群数量随培养时间的延长而呈J形增长等		
讨论思路	如何测定菌液中酵母菌细胞数目？是全部测定还是检测部分估算整体？如何利用血细胞计数板检测单位体积菌液中酵母菌的数量？（利用披萨盒讲解原理）实验中有哪些注意事项？	引导学生讨论具体的实验思路以及仪器用法	刺激学生主动思考和探究科学实验的方法
操作过程	将学生按照四人一组分组，每组讨论方案后进行实验： （1）配置菌液：将3支试管标为A、B、C，每支试管装培养液10mL，酵母菌母液0.1mL。 （2）取样计数：用血细胞计数板对3支试管中的酵母菌行进计数，得到初始酵母菌浓度。将数据计入表格。 （3）分别从标号为1~7的试管中取酵母菌液进行计数。取菌液前要摇匀试管，每支试管计数3次取平均值，数据计入表格。 （4）根据表格中的数据，绘制酵母菌种群数量增长曲线，讨论曲线斜率变化的原因	对各组学生实验中出现的问题予以指导和解答	让学生在小组讨论中完成实验，锻炼学生的动手能力

七、延伸思考

实际实验中发现，在显微镜下进行酵母菌的种群数量统计非常困难，且易出错，容易使学生失去耐心而放弃实验。建议学校开展实验时可统一购买Coumtstar Yeast自动酵母计数仪（见图7），结合高分辨率成像技术和智能图像识别技术，可实现准确稳定的酵母菌培养液浓度与死亡率检测。自动酵母计数仪采用传统亚甲兰或亚甲基紫染色原理，检测结果与采用血细胞计数板检测具有高度统一性。

图7　Countstar Yeast自动酵母计数仪

八、实验评价

"探究培养液中酵母菌种群数量的动态变化"是生物新课标模块3活动建议中的一个实验。实验要求学生有较强的显微镜操作技能，进行一周乃至数周的耐心观察，了解酵母菌种群数量变化的规律及其产生原因。实验的实施对于不少中学实验室来说，较长的实验周期是限制开设本实验的主要因素。实验的开放性虽然为师生提供了广阔的探究空间，但在实践中也导致了实验目标的把握偏差，致使大量时间精力投入后，实验效益很低。基于笔者的创新改进，相信本实验在中学课堂的开展门槛更低，学生本身的收获也会更加丰富！

本实验改进之后，在实际操作中仍然会面临一些问题。尤其是在提前准备酵母菌培养液的过程中，极难保证酵母菌培养液初始浓度完全一致。且学生在对每一天的酵母菌培养液进行计数时，由于实验操作不熟练，很难保证每次计数的高度统一，这些误差都会对实验结果造成一定的影响。

"内环境的稳态及其调节机制"学习指引

深圳市宝安中学（集团） 叶胜林

稳态是生命系统得以存在和维持的基础，小至细胞，大到生物圈，都能在一定的限度内通过自身的调节机制，维持自身的稳态。"生命系统的稳态"既是高中生物必修3的主要内容，又是整个高中生物学学科的主线索之一，生命系统的稳态及其调节机制是近年来各地备受高考关注的教学内容。本文从内环境的稳态及其调节机制的学习思路和复习方法上，融入自己的认识并做一归纳，希望能给学生带来一些收获。

一、内环境与稳态

首先，我们应该准确掌握内环境与稳态的相关概念，这就需要在认真研读课本内容的基础上，自己绘制出反映知识间内在联系的知识框架图，也可以参考、研究如下的概念图（见图1）或其他资料上的相关图解，并做比较，进一步完善自绘图，使其成为适合自己学习和复习的思维导图。

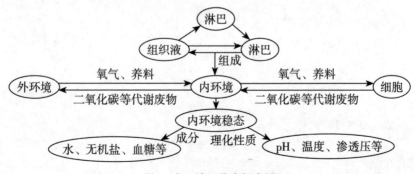

图1 内环境与稳态概念图

准确掌握稳态内环境、内环境的稳态等基本概念之后，要在此基础上，把这些知识掌握得更加牢固并得到适当的拓展和灵活运用，这就需要适度的训练。

例题解析：

例1（根据2014年上海长宁区二模题改编双选题）图2是人体某组织结构示意图，①②③④分别表示不同部位的液体，表1为其中某些液体a、b、c、d的若干成分测定数据，依据图表信息判断下列说法正确的是（   　 ）。

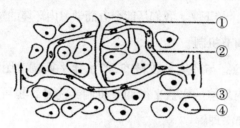

图2　人体某组织结构示意图

表1　成分测定数据

成分（mmol/L）		Na+	K+	Ca+	Mg+	Cl-	有机酸	蛋白质
a	b	142	5.0	2.5	1.5	103.3	6.0	16.0
	c	147	4.0	1.3	1.0	114.0	7.5	1.0
d		10	140	2.5	10.4	25	—	47

A. 人体的内环境是由①②③或b、c、d组成的

B. 人体新陈代谢的主要场所是④和d

C. 有机物的氧化分解主要在③中进行

D. c是组织液，d是细胞内液

解析：内环境即细胞外液，它包括组织液、血浆和淋巴，不包括细胞内液；细胞内液的Na^+浓度低于细胞外液，而K^+则相反，因此，不难判断出d为细胞内液，a则为细胞外液；血浆和淋巴中的蛋白质含量明显高于组织液，由此判断b为血浆或淋巴，而c为组织液；有机物的氧化分解过程是发生在细胞内的，而不是在内环境中。答案为B、D。

二、内环境稳态的调节机制

内环境维持稳态是机体进行正常生命活动的必要条件，生命活动包含了很多复杂的化学反应,而这些化学反应是发生在细胞内的,只有内环境维持稳态,才能保证细胞内化学反应的条件满足,如酶需要适宜的温度和酸碱度、反应底物需要及时供应以及产物需要及时输出等。

正常人体对内环境是具有一定的调节机制的,这个调节机制即为神经—体液—免疫三级调节网络。三级调节网络调控着内环境的成分和理化性质,使它们的来源和去路保持基本相等,维持着它们的动态平衡,但同时,机体的这种调节能力又是具有一定限度的。接下来,我们从四个方面学习内环境的这种调节机制。

1. 水盐平衡的调节机制

图3是必修3《稳态与环境》教材P32的水盐平衡调节图解,我们只要认真研究此图就可以把内环境的水盐平衡调节机制弄清楚,也可以参考学习资料上的一些图示进一步加深理解。

习题训练:

例2 (根据2014年汕头一模改编)肾小管细胞主要利用细胞膜上的"水通道蛋白"重吸收原尿中的水分,图3简要表示抗利尿激素促进肾小管重吸收水分的调节机制。

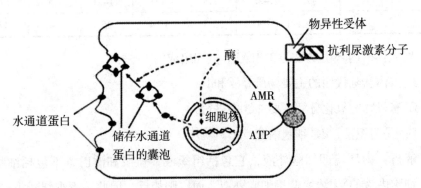

图3 抗利尿激素促进肾小管重吸收水分的调节机制

(1)抗利尿激素是在_____升高时,由_____产生,由_____释放,之后通过运输并作用于靶细胞。

(2)抗利尿激素作用于肾小管细胞,改变了细胞中某些酶的活性,从而_____,最终促进了对水的重吸收。

(3)某人因基因突变导致受体结构改变,不能接受抗利尿激素的调节,那么，此人的细胞外液渗透压较正常人_____（高、低）。

解析：抗利尿激素由下丘脑的神经细胞产生，由垂体后叶释放，通过体液运输到全身，作用的靶细胞为肾小管上皮细胞，其调节作用为促进肾小管上皮细胞对水分的重吸收，减少尿量，维持内环境水的稳态。细胞外液渗透压感受器所处部位、抗利尿激素的产生部位、抗利尿激素的作用及作用的靶细胞都为常考点和易错点。

答案：

（1）细胞外液渗透压　（下丘脑的神经细胞）垂体（后叶）　体液

（2）促进水通道蛋白的合成，促进储存水通道蛋白的囊泡与细胞膜融合，从而增加细胞膜上水通道蛋白的数量

（3）高

2. 血糖平衡的调节机制

关于血糖平衡的调节机制，我们常常从血糖的来源和去路这一基本的思路出发进行分析。胰岛素、胰高血糖素和肾上腺素三类激素在调节机制中的作用是常考点，相关调节作用是我们必须熟练掌握的内容，同时，我们要关注神经调节在这个调节机制中的重要作用。以下图解，我把血糖有升高趋势时的调节机制用实线标出，血糖降低时的调节机制用虚线示意，这样便于学生更加清晰地去学习。血糖平衡的调节机制图解如图4所示。

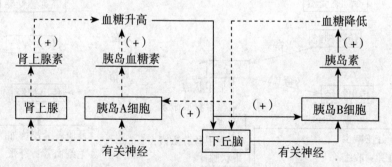

注：（＋）表示促进　（－）表示抑制

图4　血糖平衡的调节机制图解

例3（根据2014年吉林市期末检测题改编）图5为人体胰岛分泌激素的作用机理模式图，相关分析不正确的是（　　）。

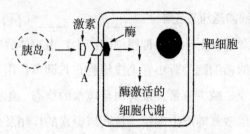

图5　人体胰岛分泌激素的作用机理模式

A. 若激素是由胰岛A细胞产生，则图中A为胰高血糖素受体

B. 若激素是胰岛素，与A结合会加速靶细胞对葡萄糖的摄取、利用和储存

C. A为细胞膜上的载体蛋白

D. 若激素是胰高血糖素，可促进靶细胞的肝糖原分解为葡萄糖

解析：对于血糖平衡的调节，教材"模型建构：建立血糖调节的模型"（必修3P26）对胰岛素和胰高血糖素的生理功能描述极为准确；而对于血糖平衡，则要始终学会研究追寻血糖的来源和去路。答案为C。

3. 体温的调节机制

同学们可以分析、研究以下图解（见图6），把握体温调节的神经——体液调节机制。

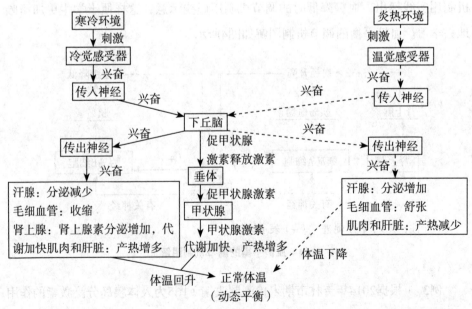

图6　体温的调节机制图解

例4 （根据2014年吉林市期末检测题改编）图7是机体受到寒冷刺激时所发生的某些调节和代谢过程示意图。图7中甲、乙、丙表示三种内分泌腺，a、b、c、d、e表示化学物质。请据图回答：

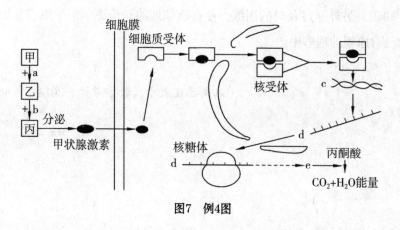

图7　例4图

（1）寒冷时甲通过分泌a_____（填激素名称）促进乙释放b，进一步促进丙分泌甲状腺激素，甲状腺激素含量增多对_____（填图中相关结构的名称）的活动起抑制作用，这种调节机制属于_____调节。

（2）此时，下丘脑也可以通过_____促进肾上腺素的分泌，该过程中的内分泌腺属于反射弧中的_____部分。

（3）受寒冷刺激时，皮肤冷觉感受器对_____离子的通透性增强，膜电位变为_____。在体温调节中枢的突触后膜上，信号转换的方式是_____。

解析：促甲状腺激素释放激素、促甲状腺激素、甲状腺激素的产生器官分别为下丘脑、垂体和甲状腺，这些激素的产生部位、激素的分级调节机制以及甲状腺激素对下丘脑和垂体的负反馈调节都是常考点，体温调节的学习，要紧抓文中的"体温调节机制图解"，把握好神经—体液调节的机制。

答案：（1）促甲状腺激素释放激素（或TRH）　下丘脑、垂体　（负）反馈

（2）传出神经　效应器

（3）钠　外负内正　化学信号→电信号

在"内环境的稳态及其调节机制"这个小专题里，我们首先必须准确掌

握内环境的概念、稳态的概念，再去研究教材列举的内环境成分（水、盐、血糖）、内环境的理化性质（体温、pH、渗透压）的调节机制，想办法通过自己绘制相关的概念图和思维导图，把握好概念的内涵和外延，理解透调节机制的原理性知识，另外通过及时的训练，使自己掌握的知识更牢固，更容易把知识融入自己对原理的理解中。

（本文已发表于《教学考试》2014年第46期）

探索篇

"高中生物核心概念教学的研究"结题报告

研究课题负责人：陈福玲

研究人所在单位：深圳市宝安中学（集团）

课题组主要成员：甘太祥　叶胜林　张然娜　曾　芜　黄成涛　李　爽

一、课题提出的背景及概念界定

（一）课题研究的背景

（1）《普通高中生物学课程标准（2017年版）》指出，生物学学科核心素养反映了"一个人对生物科学领域中核心的基础内容的掌握和应用水平，以及在已有基础上不断提高自身科学素养的能力"；《普通高中生物学课程标准（2017年版）》还指出"要注重学生在现实生活的背景中学习生物学，倡导学生在解决实际问题的过程中深入理解生物学的核心概念"；《普通高中生物学课程标准（2017年版）》在课程目标的知识目标中要求学生"获得生物学基本事实、概念、原理、规律和模型等方面的基础知识"。

（2）生物学学科作为一门自然学科，在其知识体系中存在着大量专业性概念，仅高中生物学必修教材中比较重要的概念就约有450个，有具体定义的概念有近200个，平均每节课中都要涉及4~5个重要概念。

（3）生物的概念是生物学学科知识结构的基础，是学习生物知识的基石。对于生物概念的正确理解和运用，不仅有助于学生掌握基础知识，提高解题技能，而且能够提高学生的生物学学科素养。同时理解生物的基本概念也是教学大纲的基本能力要求。再者高中生物教材涉及的概念较多，学生容易混淆。

（4）近年来高考命题特别重视考查学生对概念的掌握情况。对近年来高考试卷的分析发现：考生失分的重要原因之一就是基本概念理解不清。

（二）课题名称的界定和解读

1. 概念

概念是反映对象的本质属性的思维形式。人类在认识事物的过程中，从感性认识上升到理性认识，把所感知的事物的共同本质特点抽象出来，加以概括，就成了概念。表达概念的语言形式是词或词组。概念都有内涵和外延，即其含义和适用范围。概念随着社会历史和人类认识的发展而变化。

2. 生物学概念

生物学概念是人们对生物及其生理现象本质属性的认识。在生命科学中的许多规律、原理和方法都得借助相关生物学概念，才能得以正确表述。

3. 核心概念

美国著名教育学家赫德认为，科学课程中的概念和原理应该能够展现当代学科图景，是学科结构的主干部分，它们被称为核心概念。戴伊指出，核心概念是某个知识领域的中心，虽然不是所有人都接受了这些知识，但它们却获得了广泛的应用，而且这些知识还能经得起时间的检验。

费德恩认为，核心概念是一种教师希望学生理解并能在忘记其非本质信息或周边信息之后，仍然能应用的概念性知识，并且他们认为核心概念必须清楚地呈现给学生。美国课程专家埃里克森认为，核心概念是指居于学科中心，具有超越课堂之外的持久价值和迁移价值的关键性概念、原理或方法。这些核心概念具有广阔的解释空间，源于学科中的各种概念、理论、原理和解释体系，为领域的发展提供了深入的视角，还为学科之间提供了联系。

总而言之，核心概念是位于学科中心的概念性知识，包括了重要概念、原理、方法等的基本理解和解释，这些内容能够展现当代学科图景，是学科结构的主干部分。

4. 概念教学研究的范围

概念教学研究包括三个要素：第一个要素，概念名词。所谓概念名词，是对概念的一种指代；第二个要素，就是指概念的内涵。概念的内涵关键是在于其揭示了概念的本质属性及其特征，而且是可以较为准确地反映概念的本质；第三个要素就是概念的外延。所谓外延是指具有概念所反映的特有属性或本质属性的对象，通常也称之为概念的适用对象。

5. 概念教学策略

通过设计探究活动，提供探究素材，让学生形成核心概念，并应用所形成的核心概念进行教学。常用的概念教学策略有生物科学史教学策略、概念图教学策略、情境创设教学策略。其中，生物科学史教学策略是以生物科学产生和发展的过程为轮廓，以科学发展历程中具有重大作用的课题及事件为主线，用翔实的资料论述科学家们的创造性劳动，生动描述他们科学探索的过程和方法。而概念图教学策略的好处是容易让学生理清概念的来龙去脉，从而准确地把握概念的价值和统领地位。情境创设教学策略是利用生产、生活事例，加深对概念的理解和识记，提高对核心概念的应用能力。

二、课题研究的意义

1. 理论意义

通过本课题的研究，明确高中生物核心概念的界定标准，收集整理与核心概念相关的科学史实。

2. 实践价值

通过本课题的研究，既能提高教师的科研能力，又能提高课堂教学效率，还能减轻学生的课业负担，培养学生的生物学学科核心素养。

三、课题研究的理论依据

1. 最近发展区理论

维果斯基的"最近发展区理论"，认为学生的发展有两种水平：一种是学生的现有水平，另一种是学生可能的发展水平。两者之间的差距就是最近发展区。教学应着眼于学生的最近发展区，为学生提供带有难度的内容，调动学生的积极性，发挥其潜能，超越其最近发展区而达到其较难发展到的水平，然后在此基础上进行下一个发展区的发展。

2. 皮亚杰的建构主义理论

皮亚杰认为，只有在学习者仔细思考时才会产生有意义的学习。学习的结果不只是对某种特定刺激做出某种特定反应，而是头脑中认知图式的重建。决定学习的要素既不是外部因素（如来自物理环境和社会环境的刺激），也不是内部因素（如个体生理成熟），而是个体与环境的交互作用。皮亚杰认为重要的不是行为发生的频率，而是学生思维的发展过程，尤其是学生是怎样学会纠正他们思维中的某些错误的。

四、课题研究的目标

收集、筛选、汇编与核心概念有关的科学史实，构建以核心概念为主题的相关概念图，收集整理核心概念与生产、生活联系的实例，找到高效实现核心概念教学的途径的方法。

五、课题研究的主要内容

（1）界定、整理高中生物核心概念。
（2）筛选、汇编与核心概念有关的科学史实。
（3）构建以章节为单元的概念图。
（4）构建核心概念教学的有效策略。

六、课题研究的方法

文献法、实验法、行动研究法、调查跟踪法（问卷调查法）。

七、课题研究的主要过程

1. 第一阶段（2014年9月—2014年12月）

查资料，并制订具体翔实的实践计划；由组长陈福玲老师对课题组成员进行分工，由甘太祥老师对课题组成员进行相关研究方案的培训。

2. 第二阶段（2014年12月—2015年3月）

进一步完善课题研究方案。由王郁老师和李爽老师制订"中学生学习生物兴趣调查问卷"，并开展了相关的问卷调查和统计分析。

3. 第三阶段（2015年3月—2016年5月）

根据年级、教学内容分别开展科学史教学策略、概念图教学策略、情景创设教学策略教学实验，课题组全体成员参与。

筛选与核心概念相关的科学史实，由叶胜林老师、王郁老师、黄成涛老师负责完成。

收集整理与核心概念相关的生产、生活事例，由陈福玲老师、李爽老师负责完成。

完成研究报告，由甘太祥老师负责。

4. 第四阶段（2016年6年—2016年7月）

结果整理、统计、分析、研究，撰写研究报告。

八、课题研究成果

（一）研究结果：总结出10种高中生物概念教学策略

1. 概念图法（或思维导图）

建构主义学习理论认为，只要记住所学的知识，并理解其意义，将新知识与原有的知识系统进行整合和内化，就能改善学习质量，使知识系统不断生长。在生物学概念学习中，这种"整合和内化"可以通过绘制概念图来实现。概念图是一种将概念的各种本质属性按照它们之间的内在联系组织在一起形成的图示或流程，也可以是将一个概念和与其相互关联的其他概念按照概念之间的联系（包含或其他内在的逻辑关系）组织在一起形成概念网络。其目的是使抽象概念直观化、形象化，使相关概念之间的关系可视化，帮助学生梳理所学过的概念，建立良好的概念体系和知识结构。根据概念图所示内容的不同，将概念图分为概念模式图、概念流程图、概念关系图三种。例如，光合作用用流程图、有氧呼吸和无氧呼吸的关系用关系图、遗传信息的表达可以用模式图学习。为了提高概念教学效果和学生的自学能力，复习课上的概念图最好让学生自己动手制作，教师只进行必要的指导和点评。

2. 模型建构法

生物学中有些概念是有关生物结构的，如病毒的结构、真核细胞的亚显微结构、细胞膜的结构、DNA双螺旋结构等，理解这些结构的空间构成，是学生学习的难点，我们采用让学生构建模型的方法让学生理解。

3. 列表比较法

在生物学中有很多相似的名词、术语和概念，学生往往存在模糊不清的印象。这些概念一直是教学的重点和难点，也是学生极易失分的误区之一。因此在教学过程中，我们有必要将这些易混淆的生物学名词术语加以比较、区分，使学生更好地掌握基础知识，提高解题技能。为了做好这些概念的教学，提高学生掌握概念的能力，对一些相近或关系密切的概念，可把它们的各种属性，尤其是关键属性进行对比，使学生明确这些概念的共同点和差异点，从而能够将它们科学有效地区分，使概念的外延和内涵更清晰。例如，学生对限制酶、DNA连接酶、DNA聚合酶、解旋酶常分不清，可以引导列表1区分。

表1　酶的比较

比较项目	限制酶	DNA连接酶	DNA聚合酶	解旋酶
作用底物	DNA分子	DNA分子片段	脱氧核苷酸	DNA分子
作用部位	磷酸二酯键	磷酸二酯键	磷酸二酯键	氢键
作用结果	形成黏性末端或平末端	形成重组DNA分子	形成新的DNA分子	形成单链DNA分子

4.多媒体辅助法

生物学是研究生命现象和生命活动规律的科学，它具有很强的理论性、实践性和科学性。恰到好处地运用多媒体课件教学，能使教学内容具有很强的真实感和表现力。这种方式不仅集中了学生的注意力，而且有利于学生真正学懂知识。例如，在学习有丝分裂时，采用多媒体课件通过动画演示植物细胞与动物细胞的增殖过程，学生可以清晰地观察到染色体的行为变化及动植物细胞增殖过程中的异同点。

5.形象类比法

概念既然是事物本质特征的抽象概括，当然理解起来就会有一定的难度。教师要善于联系学生的日常生活，举出学生所熟悉的具体事例，把一些抽象的生物概念和具体的实例联系起来，逐步引入概念，不仅把抽象的新知识纳入已有的知识系统中去，化抽象为形象，化难为易，化繁为简，同时也可激发学生的联想，具有启发思路、触类旁通的作用。例如，在学习同源染色体的概念时，教师可以以夫妻做比喻来帮助学生理解它。夫妻是到婚姻登记处登记的两个人，通常感情上是比较好的，一个是男性，一个是女性。然后又接着解释，不能把感情上比较好的一个男性，一个女性定性为夫妻，只能说到婚姻登记处登记的两个人才是法律上真正的夫妻。这样，不仅使学生易于理解、接受新知识，还会大大提高他们的学习兴趣，培养他们学以致用的能力，起到事半功倍的效果。

6. 要素归纳法

要素归纳法主要是将一个完整的概念科学地进行细化和解构，形成几个要素，强化学生理解概念的内涵和外延、条件和适用范围等。例如，可以将"酶"的概念细化为以下几个要素：①产生部位：活细胞内。②化学本质：大部分是蛋白质，小部分是RNA。③生理功能：生物催化作用。（酶不起调节作用）④作用部位：可以在细胞内也可以在细胞外起作用，据此酶可以分为胞内酶和胞外酶两类。⑤作用特点：高效性和专一性。⑥作用条件：适宜的温度和pH值。⑦种类特点：多样性。

7. "顾名思义"法

生物学中很多概念是按照它实际的特有含义来命名的，如染色体，从名称上看就知道是染成颜色的物质，具体含义是"细胞核内容易被碱性染料染成深色的物质"。质壁分离，"质"是原生质层（提示：不能理解为细胞质），"壁"是细胞壁，放在一起就是：原生质层与细胞壁分离的现象就是质壁分离。同时要知道，当细胞液浓度小于外界溶液浓度时，细胞失水，由于原生质层的伸缩性比细胞壁大，才会发生质壁分离。类似的概念还有：自由水/结合水、分泌蛋白、伴性遗传等。

8. 科学史体验法

生物学是一门实验科学，很多概念的提出和形成都来自实验和人们的实际生活。例如，光合作用的概念，首先引导学生分析光合作用发现史，从海尔蒙特的"柳苗实验"到萨克斯的绿色叶片在光下产生淀粉的实验，再到美国鲁宾和卡门的同位素示踪实验，最后归纳总结光合作用的概念。这段科学史有助于学生了解光合作用的来龙去脉，让学生亲身体验并且经历人类探索光合作用的漫长过程。当然，经历了这一漫长过程后，学生对光合作用概念的理解也就更加深入了。这样既符合学生从感性到理性的认识规律，又培养了学生的创新意识和科学探究精神。

9. 纠错演练法

学生对概念的掌握并不是以复述、解释概念为最终目标的，而是学生要能运用概念去解决实际问题。因此，在教学中要注意检验学生对概念的应用。学习完概念后，要及时布置练习，检查学生对概念的掌握情况，促使学生进一步理解概念。例如，在学习了"单倍体"概念后，布置练习：

（1）用四倍体水稻的花粉通过人工离体培养成的植株是（　　　）。

　A. 四倍体　　　　　　　　　B. 二倍体

　C. 单倍体　　　　　　　　　D. 多倍体

（2）下列说法正确的是（　　　）。

　A. 单倍体植株的细胞含有一个染色体组

　B. 单倍体植株的细胞含有奇数个染色体组

　C. 植株细胞含有奇数个染色体组的植株是单倍体

　D. 单倍体植株的细胞可能含有偶数个染色体组

通过以上纠错演练，学生对单倍体的概念有了深刻的认识并学会运用单倍体概念去解决实际问题。

10. 实验探究法

生物学是一门建立在实验基础上的实证科学，概念的建立和形成离不开实验，如生长素的发现、体液调节的发现等。在学习生物核心概念时，如酶的高效性、专一性和温和性，也可让学生通过实验进行探究，理解概念的本质。

前面所讲述的几种生物学概念教学方法是相互联系、相互补充甚至是相互重叠的，作用也是多方面的。例如，在学习物质跨膜运输的三种方式（自由扩散、协助扩散、主动运输）时，可以同时运用多媒体辅助法、形象类比法、列表比较法进行教学。在生物教学中，教师要根据学生的认知水平，根据所教的生物学概念的特点和需要，灵活地综合地运用，以求最大限度地提高生物学概念教学的效果。

（二）研究成效

高中生物概念教学研究以2014级（3）班为对照班，（4）班为实验班。实验班注重生物概念的教学策略和方法的运用，对照班进行常规教学，其他各方面实验班与对照班相同。经过几个月的生物实验教学后的变化主要体现在学生学习生物的兴趣和考试成绩两方面。

1. 实验班与对照班学生学习兴趣的结果分析（见表2、表3）

表2 实验班和对照班学习生物兴趣前测结果

项目	实验班	对照班
项目	实验班	对照班
人数（N）	44	43
平均分	6.20	6.90
标准差（S）	5.05	5.67
检验值（Z）	$\mid Z \mid =0.69 < 1.96$	
显著性（P）判断	$P>0.05$差异不显著	

表3 实验班和对照班学习生物兴趣后测结果

项目	实验班	对照班
人数（N）	44	43
平均分	10.30	7.80
标准差（S）	4.63	5.32
检验值（Z）	$\mid Z \mid =2.34 > 1.96$	
显著性（P）判断	$P<0.05$差异显著	

从表2和表3的对比可以看出：实验前，对照班、实验班学生学习生物的兴趣无显著差异，经过几个月实验教学后，对照班、实验班学生学习生物的兴趣有了显著差异：实验班学生学习生物的兴趣明显提高，而对照班学生学习生物的兴趣提高不明显。

2. 实验班与对照班学生考试成绩的结果分析（见表4、表5）

表4 实验班与对照班学生前测成绩（2014年11月底的期中考试成绩）的比较

项目	人数	均分	S	Z检验	显著性
实验班	44	65.80	10.69	$\mid Z \mid =0.27 < 1.96$	$P>0.05$，差异不显著
对照班	43	65.20	10.98		

表5 实验班与对照班学生后测成绩（2015年4月底的月考成绩）的比较

项目	人数	均分	S	Z检验	显著性
实验班	44	74.50	4.20	$|Z|=3.72>2.58$	$P<0.01$，差异非常显著
对照班	43	69.70	7.38		

从表4可以看出：实验前，实验班与对照班学生的成绩差异不显著。

从表5可以看出：实验后，实验班与对照班学生成绩差异非常显著。

以上结果说明通过高中生物核心概念教学的实施，学生的学习成绩有所提高，同时对生物学习的兴趣也有所提高。

九、课题研究存在的主要问题及今后的设想

（1）由于指标生的录取，导致我校学生之间的基础差距拉大，探究针对不同层次学生的更高效的教学策略，有待进一步研究。

（2）由于教师的个性特点不同，不可能有一种教学策略能适应所有的教师，如何根据不同教师的特点，找到更合适的教学策略有待下一步继续研究。

附件

中学生学习生物兴趣调查问卷

请你仔细阅读问卷中的每一个题目，并与自己的实际情况相对照，若觉得相符，就在题后的括号内打"√"，不相符则打"×"。

1. 我很喜欢翻看生物课本插图。   （   ）

2. 我喜欢翻阅生物课本中还未讲到的内容。   （   ）

3. 生物课上，我经常思考老师提出的问题。   （   ）

4. 我喜欢与别人谈一些生物方面的问题。   （   ）

5. 在野外，我特别注意观察周围的生物。   （   ）

6. 我常觉得学习生物没有负担。   （   ）

7. 生物作业中，我喜欢做综合性联系实际的问题。 （   ）

8. 我很愿意攻克较难的、具有挑战性的生物问题。 （   ）

9. 我喜欢做生物实验。   （   ）

10. 如果我课前得知生物课不上了，我会感到失望。 （　　）

11. 我将来想成为一名生物学者。 （　　）

12. 中央电视台每周一晚播放的《人与自然》节目我常看。 （　　）

13. 上生物课时，我很少忘带课本。 （　　）

14. 每次生物课的笔记我都能记全。 （　　）

★ 该问卷是参考《学科教育》作者张勇波的《地理学习兴趣量表的初步设计与测试》而制成的。

得分方法：每题打"√"，得1分，打"×"得0分。

"高中生物课堂教学策略研究"结题报告

研究课题负责人：陈福玲

研究人所在单位：深圳市宝安中学（集团）

课题组主要成员：甘太祥 叶胜林 张然娜 王 郁 李 爽

一、课题提出的背景

宝安中学是深圳市宝安区较好的高中，学生见多识广，学习基础比较好，综合能力比较强，但就高中生物课堂教学来说，关于新课程的理解和实施还存在着不少的误区和不完善之处，主要表现在：

（1）教学中忽视了生物学学科素养的全面培养，也就是在三维目标中，过度强调知识目标，弱化甚至忽视能力目标和情感态度与价值观目标。

（2）以学生为主体的教学思想流于表面，学生主动探究学习的积极性不高。

（3）教学方法盲目崇尚新异，比如片面追求课堂上气氛"活跃"、形式"热闹"，但学习效率不理想。

（4）没有明确的科学的生物教学评价机制。就时间来说高一不重视，高二太仓促；生物课堂没有有利于促进学生发展的评价机制。

学习的主体是学生，全面提高学生的生物学学科素养是生物课程设置的目标之一。培养学生的学习兴趣，最大限度地调动学生学习生物学的主动性，是生物教学的责任；能否实现高中生物教学三维目标，关键是教学策略的运用是否恰当。有效的课堂教学策略能简化教学过程，提高学生能力，它能在课堂上牢牢地吸引学生的注意力，引导学生思维，让学生在轻松的环境中掌握知识，取得事半功倍的效果。

我们选择这一课题进行研究，以期能找到根据不同类型教师特点及不同层次的学生特点，根据不同的教学阶段，选择不同的教学策略进行教学，寻找适合学生的、能实现课堂效率最大化的教学策略。

二、课题研究的意义

1. 理论意义

通过本课题的研究，明确高效的高中生物学课堂教学的标准，找到能实现教师、学生、教学资源协调的高效的适合深圳高中生物课堂的教学策略。

2. 实践意义

通过本课题的研究，既能提高教师的科研能力，促使中年教师梳理总结自己的教学经验，又能促使青年教师快速成长，少走弯路。同时更能提高课堂教学效率，减轻学生的课业负担，培养学生的生物学学科素养。

三、课题研究的理论依据

1. 建构主义理论

建构主义教学理论强调以学生为中心，不仅要求学生由外部刺激的被动接受者和知识的灌输对象转变为信息加工的主体、知识意义的主动建构者，而且要求教师要由知识的传授者、灌输者转变为学生主动建构意义的帮助者、促进者。该理论强调教师在教学过程中彻底摒弃以教师和教材为中心、注重知识传授、把学生当作知识灌输对象的传统教学模式。建构主义理论的深入发展为真实地揭示学习的规律奠定了基础，成为我们行动的指南。

2. 合作学习理论

合作学习的基本含义是：在教学过程中，以学习小组为教学基本形式，教师与学生之间、学生与学生之间，彼此通过协调的活动，共同完成学习任务，并以小组总体表现为主要依据的一种教学理论和教学策略。其主要特征是：强调共同目标，为共同完成某一目标或实现共同利益而合作；强调合作个体间的相互配合和协调，只有依靠个体间的配合和协调，才能实现共同目标；强调个体目标和共同目标的同一性，在合作中，在实现共同目标的基础上，使个人目标也得以实现。

合作学习是一种目标导向性活动，注重学生认知、情感和技能方面目标的达成。合作学习的教学目标一般包括认知目标、情意目标和合作技能目标三个方面，合作学习非常强调这三个目标的和谐均衡发展。

合作学习中的师生观是建立在满足学生的心理需求，突出学生的主体地位的基础上的，是为了促进学生学习而开展的活动。合作学习把教师置于教学的"管理者""促进者""咨询者""顾问"和"参与者"等多种角色之下，强调师生多维互动。

合作学习把教学活动看成是一种任务分享、责任共担的人际间的动态教学活动过程，是系统利用教学动态因素之间的互动合作来促进学生的全面发展，以小组团体成绩作为评价标准，共同达成学习目标的合作过程。

合作学习的教学观主要体现在对教学本质的独到见解、教学设计的灵活生动、教学情境的准确阐释、教学结构的正确划分、教学组织形式的多样运用、教学时空的合理配置以及教学过程的动态发展上。

合作学习摒弃了传统教学评价关注个体在整体中名次竞争性评价，把"不求人人成功，但求人人进步"作为学习评价的最终目标和尺度，将常模参照评价的指标改为标准参照评价，把个人之间的竞争转化为小组之间的竞争，形成了"组内成员合作，组间成员竞争"的新格局，使评价中心由鼓励个人竞争转向鼓励小组集体合作达标。

合作学习理论给我们的启示是深刻的，具有划时代意义。合作学习也是《国家基础教育改革纲要》中所倡导的主要学习方式之一。

3. 加德纳"多元智能理论"

多元智能理论是美国哈佛大学著名心理学家加德纳教授，针对比奈（A. Binet）和西蒙（T. Simon）的智力测验理论而提出的。加德纳认为，一个人除了言语/语言能力和逻辑/数理能力两种基本智能之外，还有七种智能，即视觉/空间关系智能、音乐/节奏智能、身体/运动智能、人际交往智能、自我反省智能、自然观察智能和存在智能。

言语/语言智能指的是人对语言的掌握和灵活运用的能力，表现为个人能顺利而有效地利用语言描述实践、表达思想并与他人交流。

逻辑/数理智能指的是对逻辑结构关系的理解、推理、思维表达能力，主要表现为个人对事物间各种关系如类比、对比、因果和逻辑等的敏感程度以及通过数理进行运算和逻辑推理的能力等。

视觉/空间智能指的是人对色彩、形状、空间位置等要素的准确感受和表达能力，表现为个人对线条、形状、结构、色彩和空间关系的敏感程度以及通过图形将它们表现出来的能力。

音乐/节奏智能指的是个人感受、辨别、记忆、表达音乐的能力，表现为个人对节奏、音色和旋律的敏感程度以及通过作曲、演奏、歌唱等形式来表达自己的思想和情感的能力。

身体/运动智能指的是人的身体的协调、平衡能力和运动的力量、速度、灵活性等，表现为用身体表达思想、情感的能力和动手的能力。

人际交往智能指的是对他人的表情、说话、手势动作的敏感程度以及对此做出有效反应的能力，表现为个人觉察、体验他人的情绪、情感并做出适当反应的能力。

自我反省智能指的是个体认识、洞察和反省自身的能力，表现为个人能较好地意识和评价自己的动机、情绪、个性等，并且有意识地运用这些信息去调适自己生活的能力。

自然观察智能指的是人们辨别生物（植物和动物）以及自然世界（云朵和石头等形状）的其他特征的能力。这种智能在过去人类进化过程中显然是很有价值的，如狩猎、采集、种植等。

存在智能指的是陈述、思考有关生与死、身体与心理世界的最终命运的倾向性，如人为何到地球上来？在人类出现之前地球是怎样的？在其他星球上生命是怎样的？以及动物之间是否能相互理解？等等。

每个学生都在不同程度上拥有上述九种基本智能，智能之间的不同组合表现出个体间的智力差异。教育的起点不在于一个人有多聪明，而在于怎样让人变得聪明，在哪方面变得聪明。这一全新的智能理论对于学校教育具有重要的意义。为此，加德纳提出了个性化教学的设想，即强调在可能的范围内使具有不同智力的学生都能受到同样好的教育。它是建立在了解每一个学生智力特点的基础上的，也就是说，教师应该去了解每一个学生的背景、兴趣爱好、学习强项等，从而确立最有利于学生学习和发展的教学方法和策略。

4. 叶澜"课堂生命说"

叶澜教授是我国新基础教育实验的开创者和奠基人，其"让课堂充满生命活力"的课堂理论，开创了新基础教育实验的理论先河，并且为当前基础教育课程改革奠定了坚实的理论基础和舆论基础。叶澜教授认为，传统教学论从教的角度探讨问题，实用教学论则从学生的立场出发，教育心理学的关注点在心理过程的分析，社会学的着眼点集中在师生互动、课堂生活、人际关系等的描述上，它们都缺乏对课堂教学本质的理性的认识。她认为，课堂教学应被看作是师生人生中一段重要的经历，是他们生活有意义的构成部分；课堂教学的目标应全面体现培养目标，促进学生的全面发展，而不是只限于认识方面的发展。"课堂教学蕴含着巨大的生命力，只有师生的生命活力在课堂教学中得到有效发挥，才能真正有助于新人的培养和教师的成长，课堂才有真正的活力。因此，要改变现有课堂中常见的见书不见人、人围着书转的局面，必须研究影响课堂教学师生状态的众多因素，研究课堂教学中师生活动的全部丰富性，研究如何开发课堂教学的生命潜力。""教师只要思想上真正顾及了学生多方面成长，顾及了生命活动的多面性和师生共同活动中多种组合和发展方式的可能性，就能发现课堂具有生成性的特征。"我们只有把课堂教学改革的实践目标定在探索充满生命活力的教学上，学生才能获得多方面的满足和发展，教师的劳动才会显现出创造的光辉和人性的魅力。

5. "学习金字塔"

"学习金字塔"（见图1）是美国缅因州的国家训练实验室的研究成果，它用数字形式形象显示了：采用不同的学习方式，学习者在两周以后还能记住内容（平均学习保持率）的多少。它是一种现代学习方式的理论，最早是由美国学者、著名的学习专家爱德加·戴尔1946年首先发现并提出的。

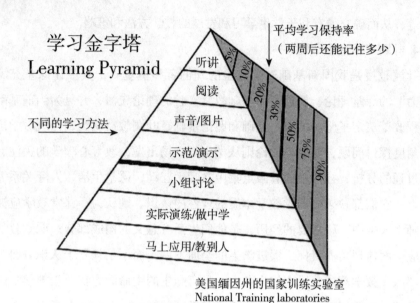

图1 "学习金字塔"

在塔尖，是第一种学习方式——"听讲"，也就是教师在上面说，学生在下面听。这种我们最熟悉最常用的方式，学习效果却是最低的，两周以后学习的内容只能留下5%。

第二种，通过"阅读"方式学到的内容，学习的内容可以保留10%。

第三种，用"声音、图片"的方式学习，学习的内容留下的可以达到20%。

第四种，是"示范"，采用这种学习方式，可以记住30%的学习内容。

第五种，采用"小组讨论"，可以记住50%的内容。

第六种，"做中学"或"实际演练"，记住的内容可以达到75%。

最后一种在金字塔基座位置的学习方式，是"马上应用"或者"教别人"，可以记住90%的学习内容。

"学习金字塔"给我们的启示：

（1）传统课堂（填鸭式、满堂灌等），基本等同于听课。实际上这种课堂效率是很低的，基本记不住什么东西，当然，如果教师讲得很精彩，语言感染力强，可能还好些，就怕有些教师照本宣科，让人昏昏欲睡，那就纯属浪费时间了。

根据这个"学习金字塔"所呈现的，仅听教师讲述的方式，两周以后记得的内容只剩5%。为什么会这样呢？因为这是最被动的学习方式，学生的参与度是最低的，所以两周之后仍然记得的只剩5%就不错了。第一项至第四项的学习方式也都是被动式的，学生的参与度非常低，所以学习内容的保留率都无法超过30%。金字塔的最底端，其教学效果可以高达90%，而这个方法是：让学生教别人。如果学生有机会把上课内容立即应用，或是让学生有机会当同学的小老师，效果可高达90%。所以从学习金字塔中可看出，学生的学习以能够转教别人的效果最好。而且要学生以教师的身份对其他人进行教学，不仅需要学生对内容相当熟悉，同时也要通过语言的呈现来进行沟通，所以学生在进行教学之前，必须透过个体思维，将内容转化为能让其他人懂的表达方式，这就促进了学生潜在智能的发展。

（2）由"学习金字塔"的内容可以看出：学习方法不同，学习效果大不一样。因此，教师要学会调整甚至改变教学方式和角色，充分尊重学生在学习活动中的主体地位，引导学生自觉地参加合作学习。学生要努力转变学习方法，要由被动听转向主动学，要多种器官综合使用，要耳、眼、脑、口、手并用。在教学中，要大力提倡小组合作学习，让学生在参与中掌握知识，生成能力，从而真正实现从知识到能力的转化，这更使学生真正将老师传授的知识记得多，记得准，记得牢。让学生在合作探究学习中展示自我，体验成功，从而提升学习兴趣，这样我们的课堂教学就会变得高效，学生的学习也会变得高效，从而培养学生的能力，提高学生素质，为学生的终身发展奠定坚实的基础。

四、课题研究的目标

（1）研究制订高效高中生物课堂教学评价量表。

（2）构建具有教师特色的多种生物高效教学策略。

（3）研究多元化的教学评价体系。

五、课题研究的主要内容

1. 研究高效的高中生物课堂教学的评价标准

研究高效的高中生物课堂教学的评价标准，并制成评价量表。

2. 研究如何根据教学内容、学情和师情，采取有效措施，实现高中生物课堂教学效率最大化

（1）研究实施高中生物"三位一体教学策略"。

（2）研究实施高中生物"图式教学策略"。

（3）研究实施高中生物"命题学习策略"。

3. 研究评价课堂教学效果的体系

建立专家、同行、生平、自评相结合的综合评价体系。

六、课题研究的方法

文献法、实验法、跟踪法、对比法、记录法、量表法等。

七、课题研究的主要过程

1. 第一阶段（2010年9月—2010年12月）

查资料，并制订具体翔实的实践计划；由组长陈福玲老师对课题组成员进行分工，由甘太祥老师对课题组成员进行白板的使用和MindMapper软件的使用的培训。

2. 第二阶段（2010年12月—2011年3月）

进一步完善课题研究方案。由王郁老师和李爽老师制订"宝安中学高中生物教学学情调查表"和"宝安中学高中生物教学效果调查表"，并开展了相关的问卷调查和统计分析。

3. 第三阶段（2011年3月—2012年5月）

根据学生层次和需求、教学内容、教师特点等，确定可采用的教学策略，在不同年级、不同层次的班级开展实验。

由陈福玲老师、王郁老师开展并实施"三位一体教学策略"研究，主要在高一年级进行。

由甘太祥老师、李爽老师开展并实施"图式教学策略"，主要在高二年级进行。

由叶胜林老师、张燃娜老师开展并实施"命题学习策略"，主要在高三年级进行。

4. 第四阶段（2012年6月—2013年7月）

结果整理、统计、分析、研究，撰写研究报告。

八、课题研究成果

1. 研究制订了"高中生物课堂教学评价量表"

我们通过研究发现，高效的课堂教学应有以下特点：

（1）突出学生的主体地位：学生应是自主能动地学习的人，要变"要我学"为"我要学"，能动就是要让学生有永远追求最好的意识。

（2）提升学生的自我效能感：我们在确定教学目标进行测试时，应根据学生的情况选择不同梯度，让学生跳一跳就能达到目标，让他们始终充满自信。

（3）让学生尽可能地自我学习、独立学习或者合作学习。

（4）让学生之间相互答疑，共同提高。

（5）让学生保持高密度、高强度的思维状态：不要盲目追求形式上的热闹，在课堂教学中要充分调动学生思维的积极性，重在思维活跃。

（6）让学生理解知识发生和发展的过程，让学生不仅知其然，还知其所以然。

（7）把普遍真理与学生个体经验结合起来，注重理论联系实际，注重学生在活动中感悟和体验。

（8）让学生从理解到掌握再到建构。评价学生的学习程度从低到高依次是理解、掌握和建构。

根据以上要求，我们制订了高效生物课堂评价标准：

一、教学目标（5分）

（1）目标设置（2分）：学习目标表述具体准确，落实性强，围绕学习目标组织教学；学生对学习目标清楚，并能围绕学习目标展开学习；教师最后能够紧扣目标总结归纳。

（2）层次划分（3分）：研究导入技巧。导入要设计好问题情境，激发学生学习欲望；解释学习目标，让学生真正明确本节课具体要求和学什么、怎么学、达到什么目标；紧扣学习目标，条理清楚。学生能从较高目标达成率上获取成功喜悦。

二、教学内容（10分）

（1）内容选择（6分）：教学容量适度，重难点把握准确，容量和强度都要达到学生能够承受的最大限度；推进过程紧凑但不慌张（2分）。每堂课设计不能有多余环节、语言和文字（2分）。杜绝就题论题，搞好分类总结与提升，要提出有思考价值的问题进行进一步拓展；课堂要注重知识发生过程，如概念、规律、原理、公式、定理、事件等（2分）。

（2）呈现方式（4分）：能有效地整合三维目标，突出能力培养，在突出落实、确保效益的前提下突出"容量、思维量、训练量"（2分）。教师点拨、强调要从效果出发，点透、点到位（2分）。

三、教学结构（20分）

（1）环节设计（10分）：预习学习任务明确，要求具体，自学积极，预习充分（2分）。学习兴趣浓厚，目标达成率高（3分）。课前导学有体现，设置情境、激发动机、展开过程、巩固训练、发展提高、达标检测等每一环节学生都能参与其中（5分）。

（2）时间分配（10分）：保证学生有足够的参与活动、自主学习的时间（5分）。充分发挥导学案的课前功效，导学案指导学生预习要求明确具体，预习时不会的问题用红笔画出来，讨论时重点研究解决（5分）。

四、教学方法（5分）

（1）教法优化（2分）：教法设计合理，教学方式多样化，能体现教者自己独特的教学理念。

（2）学法指导（3分）：指导学法得当，体现自主学习、探究学习、合作学习的学习方式。

五、教学状态（30分）

（1）师生互动（10分）：师生要有激情，课堂气氛要和谐，具有学术研究氛围，问题解决到位（5分）。注重基本概念、规律和方法的认知过程；点拨疑难，解决难点，指导学法，注重规律总结（5分）。

（2）学生参与（20分）：学生思维活跃，多种感官参与学习过程，能愉快地获得新知（5分）。小组长真正发挥动力作用，小组的组织协调能力强，小组集体战斗力强，小组成员全部投入紧张的学习中，讨论效果好，学习质量高（5分）。展示省时高效，分层讨论解决问题，展示重点清晰突出（5分）。评价自然流畅，激励到位（5分）。

六、教学效果（20分）

（1）思维训练（10分）：课堂容量丰富，学生思维积极主动、缜密有效，课堂练习要有梯度，切实达到巩固新知的效果（5分）。展示的学生人人有事干，非展示的学生每人都有具体目标和任务（5分）。

（2）达标训练（10分）：能及时反馈练习，教学目标达成率高（5分）。抓落实清底子，让学生当堂反馈和总结，落实当堂检测（5分）。

七、教学特色：（10分）

（1）创造性（2分）：导学过程设计新颖，富有创造性。

（2）艺术性（2分）：导学不出现"超导"与"滞导"现象，艺术性高。

（3）生动性（6分）：导学具有感染力，课堂教学深刻、生动、形象（2分）。板书设计科学，师生展示认真规范；用普通话授课，语言准确、清晰，专业术语表达规范，恰当运用体态语言，大方、热情（2分）。恰当运用多媒体等手段辅助教学（2分）。

2. 形成了高中生物课堂教学的几个策略

（1）高中生物"三位一体教学策略"（以必修3第2章第1节"通过神经系统"的调节为例）

第一步：点点过关，连点成线。

① 自主预习。学生根据预习指引进行预习，熟悉这节课的教学目标、重点和难点。

② 找点、析点。

a. 让学生找出本节课的关键词，写在黑板上。如神经系统、反射、中枢神经系统、反射弧、感受器、传入神经、神经中枢、传出神经、效应器、兴奋、神经元、神经纤维、静息电位、动作电位、神经冲动、突触、突触前膜、突触后膜、突触间隙、神经递质、分级调节等。

b. 让学生理解这些关键词，把不理解的词指出来，由同学或者老师进行分析讲解。如传入神经与传出神经的判断、神经中枢与中枢神经系统的区别等。

c. 通过练习题检测学生对这些关键词的理解掌握情况。

d. 理清这些概念之间的关系，连点成线。

f. 如通过反射弧这条线可以把感受器、传入神经、神经中枢、传出神经、效应器连起来。反射弧：感受器→传入神经→神经中枢→传出神经→效应器。

第二步：线线清楚、积线成面。

以神经系统为中心，从组成、调节方式、分级调节、人脑高级功能几个维度，让学生将各条线交织，形成知识网络，如图2所示。

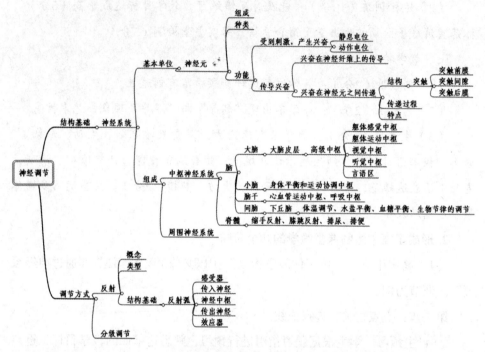

图2　神经调节知识体系

第三步：面面贯穿，以点统体。

根据一个核心概念我们可以形成大小不同的面，最后我们要将这些面用一个点把它们统一起来。这个点就是"生命系统"。纵观高中生物的学习内容，其实就是一条主线索：生命系统的结构层次。所以可以通过生命系统这个核心点将这些知识面统领成体，如图3所示。

（2）高中生物图式教学策略

图式教学是以奥苏伯尔的教育心理学为基础的。奥苏伯尔极力倡导学生的"有意义学习"，其实质是将所学的以符号为代表的新知识，与学习者已有的知识经验建立非人为的、本质的联系。图式教学策略是通过可视化思维工具，将解决问题过程中的各种思维结构以各种直观、形象和清晰的结构图示、图表及符号表现出来，使学习者整合新旧知识，建构知识网络、浓缩知识结构。

我们实施的"图式教学策略"就是充分运用交互式电子白板和思维导图进行教学。

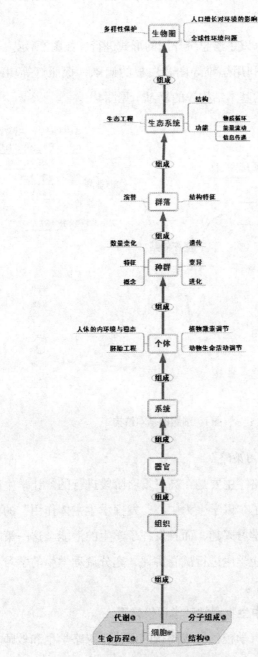

图3　生命系统的结构层次

以"神经调节"这一节的教学为例，其实施步骤与"三位一体教学策略"一致，只是充分利用了电子白板的特点。

在让学生写关键词时，让学生写在电子白板上，而不是黑板上，便于在构建知识体系时进行拖动。

在构建知识体系时，以手绘思维导图的形式进行，如图2所示。

在进行复习时可以利用思维导图和白板的遮罩、探照灯等功能进行。例如，必修1第3章《细胞的基本结构》的复习（见图4）。

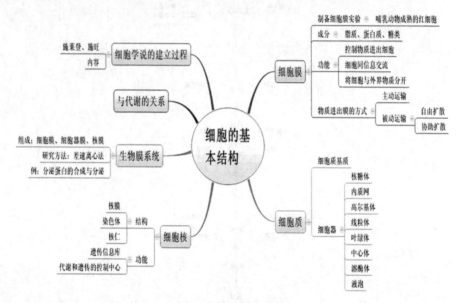

图4　细胞的基本结构

（3）"生物命题学习策略"

"生物命题学习策略"主要是在高三复习阶段进行的。让学生自主命题、编题、改题，充分体现了"以学生为中心、发挥学生主体作用"的教学理念，不但大大激发了学生的学习兴趣，而且发挥了学生的潜能。这一策略可以让学生之间相互交换阅卷，让学生进行试卷讲评，充分调动学生的学习积极性，克服高考备考中的高原现象。

3. 构建多元化的高中生物课堂教学评价体系

传统的教学评价只有学校领导或同行的评价，忽略学生和教师本人对课堂教学的评价，新课程标准下的课堂教学评价则应体现以学生为主体和以人为本的教学思想，因此在对课堂教学实施评价时应采用由专家评价、同行评价、学生评价和教师自己评价相结合的综合评价模式。运用这种综合评价模式，能使教师在课堂教学中充分彰显新课程的教学理念，促进教师专业不断成长。

（1）专家评价

专家评价是指学校教学领导班子或教学专家的集体评价，这是学校教学领导为了解教师课堂教学能力所进行的评价，这种评价影响较大，有一定的权威性。（详细评价指标见表1）

表1　课堂教学专家评价表

课名_____　　课堂教学组织者_____　　听课班级_____

评价指标		评价内容与要求	评价结果				
			优	良	合格	不合格	评定
教学改革与创新	教学基本功	1.语言表达能力（普通话、条理性，生动性）	5	4	3	2	
		2.板书设计及书写，多媒体手段的应用	5	4	3	2	
		3.对教材理解的深度与广度	5	4	3	2	
		4.课堂教学环节设计的科学性、艺术性	10	8	6	4	
		5.课堂教学的组织能力和应变能力	10	8	6	4	
	教学思想	1.体现正确的学生观，以学生为本	10	8	6	4	
		2.体现正确的教师观，做组织者、引导者和促进者	10	8	6	4	
		3.有自己独特的教学风格	5	4	3	2	
	教学过程	1.能恰当地创设教学情境，在学生已有的知识层面上处理重点、难点知识	5	4	3	2	
		2.能使学生提出具有挑战性的问题，产生强烈的问题意识	10	8	6	4	
		3.注意新知识的形成过程，并揭示知识的本质	5	4	3	2	
		4.能让学生在课堂上掌握基本的知识技能，并注重课堂知识的巩固、深化和应用	5	4	3	2	
		5.重视学生自主探究性学习方式和创新精神的培养	10	8	6	4	
		6.能注重学生的信息反馈，并对教学做及时调整	5	4	3	2	
评价分数							
评价意见							

（2）同行评价

由教研室（组）或其他教师对该教师的课堂教学进行评价。由于教师之间相互比较了解，对本学科的教学目标、意图、内容、方法以及对师生的背景（如教师的专业水平、责任心、工作习惯、学生的基本学习能力、总水平、学习热情等）较为熟悉，因此同行评价易于做出恰如其分的判断，同时也有利于教师间的相互学习、相互交流，提高教师的整体水平。（详细评价指标见表2）

表2 课堂教学同行评价表

课名_____ 课堂教学组织者_____ 听课班级_____

评价指标	评价内容与要求	评价结果				
		优	良	合格	不合格	评定
教学目标	1. 全面体现教育目标（应包括认识、情商、技能、学生自主学习和发展等目标）	5	4	3	2	
	2. 符合教学目的、大纲要求，反映教学内容的广度和深度	5	4	3	2	
	3. 符合学生发展的实际水平：明确、有重点、有层次，有助于促进学生个性发展	5	4	3	2	
	4. 注重学生创新能力和信息能力的培养	5	4	3	2	
教学设计	1. 教学内容具有科学性、思想性、教育性，符合学生的认识规律	5	4	3	2	
	2. 重点突出、难易适宜、面向全体、兼顾个别	5	4	3	2	
	3. 教学结构完整合理、流畅，重视技能和思维训练	5	4	3	2	
	4. 充分发挥信息技术与学科整合的优势，优化教学过程	5	4	3	2	
教学方法与手段	1. 教学方法适宜、灵活、有创造性					
	2. 教学中体现学生的主体地位和教师的主导作用	5	4	3	2	
	3. 因材施教，体现学生自主学习和学习能力、学习习惯的培养	5	4	3	2	
	4. 努力探索和实践信息技术与学科整合的方法和手段	4	3	2	1	
教学能力	1. 善于创设教学情境，教学气氛活跃、和谐	5	4	3	2	
	2. 教学语言清晰、严谨，板书工整，设计精当；态度端庄、热情、亲切；教具演示规范、熟练	4	3	2	1	
	3. 及时反馈，课堂调控（特别是信息技术工具的使用）能力强	4	3	2	1	

评价指标	评价内容与要求	评价结果				
		优	良	合格	不合格	评定
教学媒体运用	1. 教学媒体选择有利于完成教学目标，有利于解决重难点问题，有利于营造学生学习的环境	5	4	3	2	
	2. 媒体运用得当，呈现时机适宜，媒体内容科学、准确，图像、声音清晰	5	4	3	2	
	3. 媒体使用效果能达成教学目标，能激发学生学习兴趣，有利于培养学生的创造力	5	4	3	2	
教学效果	1. 双基落实，教学目标达成度高，学生思维活跃，人人参与教学活动	5	4	3	2	
	2. 能体现学生探究能力和创新能力	4	3	2	1	
	3. 能反映信息技术与学科整合在优化教学过程中的优势	4	3	2	1	
评价分数						
评价意见						

（3）学生评价

学生是教师教学最直接的感受者，对于教师的教学他们应该是最有发言权的。通过学生对教师教学的评价，可以反映教师在学生中的威信、受欢迎的程度以及师生关系，尤其可以反映出教师的教学方法、教学艺术是否符合学生的要求。这就要求教师的教学要从实际出发、从学生出发，不能主观化、形式化。当然，由于学生主要是从个人的学习角度评价教学，他们缺乏对教学目标或意图、内容和方法上的总体了解，他们的学习方法、学习成绩，甚至师生关系都可能使他们在评价教师的课堂表现时产生一定的误差。因此，学生评价不宜采用抽样评价，而要让全班的学生都参与评价。（详细评价指标见表3）

表3 课堂教学学生评价表

课名_____ 课堂教学组织者_____ 班级_____

评价内容与要求	评价等级				评定
	非常赞同	同意	一般	不同意	
1. 课堂气氛活跃，能激发我们的学习兴趣	10	8	6	4	
2. 课堂气氛和谐宽松，教师和蔼可亲，尊重学生，能与我们平等沟通	10	8	6	4	
3. 教师能平等地对待每一位学生，使我们有自主选择的余地，有平等参与教学活动和回答问题的机会	10	8	6	4	
4. 教师能赏识学生，经常恰当地给予我们肯定与鼓励	10	8	6	4	
5. 教师能创设问题情境，提出的问题有吸引力和启发性	10	8	6	4	
6. 教师授课能结合我们已学过的知识，循序渐进，突出知识的形成过程	5	4	3	2	
7. 教师的语言表达准确、生动，有幽默感，深入浅出	5	4	3	2	
8. 教师的板书条理、美观，教具操作规范、熟练	10	8	6	4	
9. 教师的课堂容量适度，难度适当，语速适中	5	4	3	2	
10. 教师能及时注意信息反馈，能虚心听取大家的意见，照顾大家的反应	10	8	6	4	
11. 教师讲的这一节课我感到有收获	10	8	6	4	
12. 教师在课堂上，不讲与教学内容无关的内容	5	4	3	2	
评价分数					
评价意见					

（4）教师自我评价

教学目标完成得怎样，课上得是否生动，自己的付出和学生的收获怎样，任课教师是最清楚的，任课教师可根据学生课上、课后的反馈进行自我评价。自我评价一般采用自我分析和自我反思的方法。（详细评价指标见表4）

表4 课堂教学教师自我评价表

课名＿＿＿＿＿＿＿　　课堂教学组织者＿＿＿＿＿＿＿　　授课班级＿＿＿＿＿＿＿

评价指标	评价内容与要求	评价结果				
		优	良	合格	不合格	评定
教学目标	1. 目标明确、具体	5	4	3	2	
	2. 目标全面、适当	5	4	3	2	
教学目标	3. 让学生知道目标	5	4	3	2	
教学内容	1. 内容正确，富有思想性、教育性	5	4	3	2	
	2. 知识点落实	5	4	3	2	
	3. 联系学生经验	10	8	6	4	
程序与方法	1. 步骤清楚、活动转换	10	8	6	4	
	2. 教学、管理方法把握	10	8	6	4	
	3. 全程以目标为定向	10	8	6	4	
教学素养	1. 语言、板书、教态	5	4	3	2	
	2. 真诚、热情、民主	5	4	3	2	
	3. 视听技术的应用	5	4	3	2	
学生主动学习	1. 目标达成程度	5	4	3	2	
	2. 提问发言的多少	5	4	3	2	
	3. 质疑问难的质量	5	4	3	2	
	4. 合作交流的状况	5	4	3	2	
评价分数						
评价意见						

（5）综合评价

最后，将上述四个方面的评价作为对教师课堂教学的评价。由于这四个方面的人员对课堂情况反映的方面、程度不同，如学生主要关心教师的课堂表现，同行集中在教师的基本功和合作品质方面，专家往往对教师的社会心理方面考虑得较多，因此，进行综合评价时应该根据以上人员在评价中所处的地位不同，而赋予不同的$r1$、$r2$、$r3$、$r4$权值，然后，再分别将专家评价、同行评价、学生评价的平均结果和教师的自我评价结果填入表5，最终得出综合评价结果。其中，得分85分以上者为优秀，75～85分者为良好，60～74分者为合格，60分以下者为不合格。

表5　课堂教学综合评价表

课名＿＿＿＿＿＿　　课堂教学组织者＿＿＿＿＿＿　　授课班级＿＿＿＿＿＿

评价组成	专家评价 $r1=0.3$	同行评价 $r2=0.3$	学生评价 $r3=0.2$	教师评价 $r4=0.2$	总分
应得分					

九、课题研究存在的主要问题及今后的设想

（1）由于指标生的录取，导致我校学生之间的基础差距拉大，探究针对不同层次学生的更高效的教学策略，有待进一步研究。

（2）由于教师的个性特点不同，不可能有一种教学策略能适应所有的教师，如何根据不同教师的特点，找到更合适的教学策略有待下一步继续研究。

有丝分裂的教学思路

深圳市宝安中学（集团） 叶胜林

从生理角度来看，有丝分裂是个体细胞增殖的主要方式，有丝分裂过程中细胞核遗传物质的均等分配是生物性状维持相对稳定的保证；从知识角度来看，有丝分裂是《分子与细胞》中的主干知识之一，它与光合作用、细胞呼吸等核心概念同等重要，有丝分裂的相关知识还是《遗传与进化》的基础。掌握有丝分裂相关知识的重要性自然不言而喻。本文从以下两个方面谈谈有丝分裂的教学思路。

一、教学方法的选择

首先，按学生的认知规律，由浅入深，层层深入。先呈现简单易懂的有丝分裂各时期的模式图，让学生在观察和研究的基础上，形成对细胞有丝分裂过程分时期的初步印象，再通过动画演示，让学生对有丝分裂的全过程形成整体认识，中间穿插一系列问题的设置和解决，让学生明晰概念、理解过程、建立空间想象，最后通过显微照片的识别、坐标图的绘制和典型例题的解析，让学生在知识上形成准确的网络体系，在能力上能够运用知识解释一些现象和解决一些问题。

其次，贯穿一条知识"主线"。无论是有丝分裂，还是以后学习的减数分裂，在其过程中，染色体的行为变化都是关键，是核心内容，是"主线"。学习过程始终沿着这条主线往下走，学生容易理解，知识上又能切中要害。

199

二、教学过程的设计思路

本节课的课堂要解决的问题集中于两点：一是细胞周期的概念，二是细胞周期各个时期的细胞特征。

关于细胞周期的概念，课堂要强调"连续""有丝分裂"和时间上的起止点，把握住细胞周期这个概念的三个要素。以此强调生物学核心概念的准确把握，必须概括成知识要素。要素全面无缺漏，知识准确严谨，再加之以典型习题的适度训练，准确的概念才能在学生的头脑中扎下根。

细胞周期各个时期的细胞特征的学习，既要沿着染色体行为变化这条主线走，同时必须注意一个教学程序，即从形象具体的材料呈现逐步深入到抽象的理论阐述。各个时期的教学思路分述如下。

1. 间期

材料和问题导学：呈现细胞有丝分裂间期的模式图（见图1），指导学生观察模式图，思考并回答相关问题：①为什么间期的细胞里似乎是静止的？②间期的细胞里真的没有什么变化吗？③间期的细胞中，染色质（体）数目、姐妹染色单体数目和细胞核中DNA含量发生了怎样的变化？

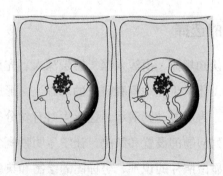

图1　细胞有丝分裂间期的模式图

归纳主线（染色质变化）关键词：**复制**（组成染色质的DNA复制和有关蛋白质的合成）。

知识拓展与水平提升：呈现显微照片（见图2），寻找处于间期的细胞。

进一步追问：视野里为什么大部分都是间期的细胞？

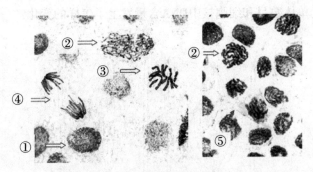

图2　显微照片

2. 前期

材料和问题导学：呈现细胞有丝分裂前期的模式图（见图3），指导学生观察模式图，思考并回答相关问题：①染色质（体）发生了怎样的变化？②细胞的其他结构有什么变化吗？③染色质（体）数目、姐妹染色单体数目和细胞核中DNA含量发生了怎样的变化？

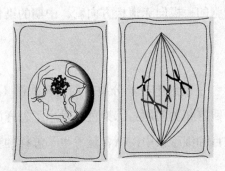

图3　细胞有丝分裂前期的模式图

归纳主线（染色质变化）关键词：**形态变化**（染色质高度螺旋化、缩短变粗，形成染色体）。

知识拓展与水平提升：呈现显微照片，寻找处于前期的细胞；呈现动物细胞有丝分裂前期模式图，观察思考：动物细胞有丝分裂前期与植物有丝分裂前期比较，有何异同？

3. 中期

材料和问题导学：呈现细胞有丝分裂中期的模式图（见图4），指导学生观察模式图，思考并回答相关问题：①染色体发生了怎样的变化？②染色体数目、姐妹染色单体数目和细胞核中DNA含量发生了怎样的变化?

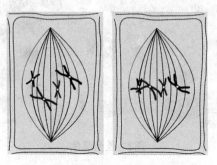

图4 细胞有丝分裂中期的模式图

归纳主线(染色体变化)关键词:**位置变化**(纺锤丝牵引染色体运动,所有染色体的着丝点排列在细胞中央的赤道板位置)。

知识拓展与水平提升:呈现显微照片,寻找处于中期的细胞。

思考:为什么中期是观察染色体的最佳时期?

讨论:如果从细胞的一极向赤道板方向看,中期的染色体形态和分布特点是怎样的?尝试绘图。

4. 后期

材料和问题导学:呈现细胞有丝分裂后期的模式图(见图5),指导学生观察模式图,思考并回答相关问题:①染色体发生了怎样的变化?②染色体数目、姐妹染色单体数目和细胞核中DNA含量发生了怎样的变化?③染色体数目变化的原因是什么?

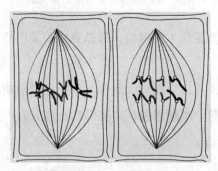

图5 细胞有丝分裂后期的模式图

归纳主线(染色体变化)关键词:**数目变化**(染色体的着丝点分裂,染色单体成为染色体，染色体数目暂时性加倍）。

知识拓展与水平提升：呈现显微照片，寻找处于后期的细胞。

思考：着丝点分裂是因附着在其上的纺锤丝收缩变短造成的吗？

补充分析材料：秋水仙素（或低温）处理，纺锤体不能形成，着丝点仍然在后期一分为二。

5. 末期

材料和问题导学：呈现细胞有丝分裂末期的模式图（见图6），指导学生观察模式图，思考并回答相关问题：①染色体发生了怎样的变化？②染色体数目、姐妹染色单体数目和细胞核中DNA含量发生了怎样的变化？③细胞质是如何分裂的？④细胞中其他结构发生了怎样的变化？

图6　细胞有丝分裂末期的模式图

归纳主线（染色体变化）关键词：**数目和形态变化**（数目：由于细胞的一分为二，每个细胞中的染色体数目恢复到原来的数目；形态：染色体恢复为染色质状态）。

知识拓展与水平提升：呈现显微照片，寻找处于末期的细胞；呈现动物细胞有丝分裂末期的模式图，观察比较其与植物细胞有丝分裂末期的异同点。

最后，把课堂小结与学生训练相结合，让学生绘制四种坐标曲线，其中横轴为时间（细胞周期：间期、分裂期），纵轴分别为：染色体数、染色单体数、核DNA数、每个染色体上的DNA数，绘制好后师生共同评析。

四种思路助你精确掌握生物核心概念

深圳市宝安中学（集团） 叶胜林

对于高考复习，学生往往容易陷入一个误区，即盲目的题海战，而对概念复习，往往是无所适从，或者是低效率的简单重复。无论从高考应试策略的角度考虑，还是从生物学知识的学习角度考虑，高中生物学概念的准确理解和熟练运用都是不可忽视的。在高三复习时，我们对高中生物学主干知识中的核心概念，如何才能做到"准"而"熟"地掌握？以下就是笔者对此问题的一些思考和做法。

一、列概念明细表

复习展开时，我们认真研读了广东省高考考试说明，紧扣广东省高考考试说明对知识范围的要求，紧密结合课本，列出高中生物概念的明细表。这个明细表，如同一个知识清单，学生在复习备考的过程中，可以随时对照，找出自己的知识漏洞，及时修补。如对"细胞的分化、衰老和凋亡"这节内容，可以把考试说明的相关内容，细化成如下的概念明细表（见表1）。

表1　概念明细表

一级知识点	二级知识点	三级知识点	四级知识点
细胞	分化、衰老和凋亡	细胞的分化	什么叫细胞分化？
			细胞分化的根本原因
			细胞分化的意义

一级知识点	二级知识点	三级知识点	四级知识点
细胞	分化、衰老和凋亡	细胞的全能性	什么是细胞的全能性?
			植物细胞具有全能性的原因
		细胞的衰老和凋亡以及与人体健康的关系	个体衰老与细胞衰老的关系
			细胞衰老的特征
			什么叫细胞凋亡
			细胞凋亡与细胞坏死的区别
		癌细胞的主要特征及防治	什么是癌细胞?
			癌细胞的主要特征
			致癌因子有哪些?
			癌症的预防

做好明细表后，在复习的不同阶段，学生根据自己的实际情况，对照明细表，反复阅读课本，对每一个四级知识点做简明扼要且精准的注解，并在复习的过程中不断深入理解、记忆并完善。

二、用自编选择题覆盖明细表中的相关概念

对于较为核心的概念，自编或自选选择题，反复训练，让理解更到位，让记忆更深刻。如针对氨基酸脱水缩合问题，我们编制了下面这道选择题：

例1 图1为氨基酸脱水缩合的示意图，以下哪项是错误的？（　　　）

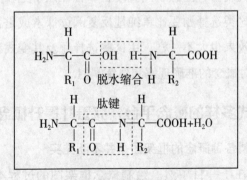

图1　氨基酸脱水缩合

A.四个氨基酸脱水缩合形成的有机物是四肽

B.肽键可用—NH—CO—表示

C.脱水缩合时失去氢的仅是氨基

D.每条肽链至少有一个游离的羧基和一个游离的氨基

通过这道题，可以使脱水缩合、多肽、肽键、氨基酸的结构通式等概念得到精准的落实。

又如，细胞膜的功能和细胞膜的功能特性，在特定情境下，学生往往记不住或是分不清，我们设置了下面这道题，让学生反复训练，效果明显。

例2　图2显示的是细胞膜的何种功能？（　　　）

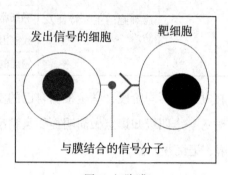

图2　细胞膜

A.将细胞与外界环境分隔开　　　　　　　B.进行细胞间的信息交流

C.控制物质进出细胞　　　　　　　　　　D.选择透过性

通过这道题，让学生记住细胞膜三个方面的功能和细胞膜的功能特性。

这些选择题在编制时，注意了图文结合，旨在让学生在完成这类练习后，记忆更深刻。完成这类选择题要比单纯地反复阅读课本或是背诵相关概念，其趣味性大大提高，效果也大不一样。用这些选择题及其变式训练题，经常反复地训练，以期达成对概念的准确理解和熟练掌握。

三、利用形式多样的概念平台，完善并提升概念

1. 学会自己绘制各种概念的框架图，并不断充实

框架图的优势在于一目了然。绘制概念框架图的过程本身就是一个学习和研究的过程，这是实现学生自主学习、自主复习的一种很好的形式。已经建好的概念框架图更是学生进行概念复习的最好用的资料，因为是学生亲自绘制

的，概念的理解、回忆、深化和拓展都会得心应手，用起来也很亲切。举一个例子，生物膜概念在高中生物学里是一个核心的概念，我们可以把这个核心概念中零零碎碎的知识点，绘制成下面的框架图，如图3所示。

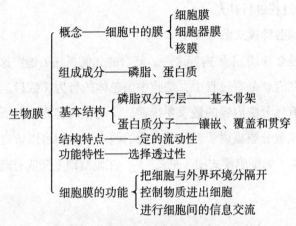

图3 生物膜框架图

2. 从参考书上或网络上获取有一定水平的概念框架图，然后从不同方面进行深入分析

我们在平时的训练或测试中经常会遇到比较满意的概念框架图，对于这些图，我们可以剪裁或下载下来，把它们按单元分类，为我们所用。如何使用它们呢？我们除了掌握图中直接显现出来的概念信息之外，更重要的是，要学会挖掘图中未显现的信息，拓展一些被我们认为是极其重要的内容。关于光合作用和细胞呼吸，资料上就有很多的框架图，如图4所示。

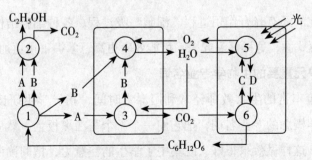

图4 光合作用和细胞呼吸框架图

我们可以依据此图，设置一系列的问题。比如，据图分析：

（1）1、2、3、4、5、6生理过程的名称是什么？发生场所在哪里？发生了怎样的能量转化以及反应式。

（2）A、B、C的物质名称。

（3）对②过程进行补充。

3. 自己绘制各种模式图

有丝分裂是必修1的重要内容之一，复习时如何抓住关键？这里首先得知道关键是什么？在有丝分裂过程中，细胞中染色体的行为（数目、形态和位置）变化既是复习有丝分裂内容的最重要线索，又是该内容的关键所在，同时也为下一阶段学习减数分裂提供了学习最有用的线索。我们可以给自己提供一幅有丝分裂间期（G_1）的细胞模式图（见图5），在此基础上完成有丝分裂各个时期的模式图。

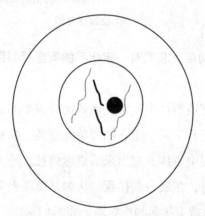

图5　有丝分裂间期（G_1）的细胞模式图

类似于此的还有光合作用过程、细胞呼吸过程、各种细胞结构等，我们都可以绘制出模式图，这样复习起来，可能效率更高，掌握得也更加熟练。

4. 罗列单元重要的生物学专业名词

不少经验丰富的生物教师经常利用课堂时间，指导学生研读课本，找出重要的生物学概念的专业名词，把它们一个一个写在黑板上，然后让学生一个一个去解析。这样做效果很好，既集中了学生的注意力，把阅读课本落到了实处，又培养了学生从材料中提取信息以及归纳概括的能力。我们可以把这种方法引进自主复习的过程中。如"降低化学反应活化能的酶"一节内容的复习，我们可以通过阅读课本，写下以下一些关键词：

细胞代谢　自变量　因变量　无关变量　活化能　酶的本质　高效性
专一性　　pH对酶的影响　　温度对酶的影响

在此基础上，再给每一个关键词一个最精准的解析。

四、用典型的例题和习题反复强化深化概念

对于概念，我们常常有这样的困惑：不能准确地理解，准确理解了却不能记住，记住了却不能在全新的情境中灵活运用。那么，我们怎么有效解决这些问题呢？有效的训练必不可少。有效的训练必不可少，但不能等同于题海战。所谓有效的训练，其一是内容上的有效性，我们要对学过的概念进行梳理，找到自己的漏洞或者薄弱点，这些漏洞或者薄弱点恰恰是高考的常考点，针对这些知识漏洞或者薄弱点来进行反复强化训练；其二是形式上的有效性，我们可以进行专题训练和限时训练，使弱点得到强化。

以上是笔者对高考生物概念复习的一些思考、认识和做法。有句话说得好：适合的才是最有效的。适合自己的复习方法才是最高效的复习方法。希望本文对你有一些启发。

（本文已发表于《教学考试》2013年第23期）

高中生物教学中问题意识培养初探

深圳市宝安中学（集团） 张然娜

《普通高中生物学课程标准（2017年版）》强调从生命观念、科学思维、科学探究和社会责任四个方面发展学生的学科核心素养。其中"科学探究"是指能够发现现实世界中的生物学问题，针对特定的生物学现象，进行观察、提问、实验设计、方案实施以及结果的交流与讨论。学生应在探究过程中，逐渐增强对自然现象的好奇心和求知欲，掌握科学探究的基本思路和方法，提高实践能力；在探究中乐于并善于进行团队合作，勇于创新。

科学探究的第一步就是提出问题，提出问题是科学探究的基础。没有对常规的挑战，就没有创造，而对常规挑战的第一步，就是提问。没有提问就没有回答，一个好的提问比一个好的回答更有价值。疑是思之始，学之端，有疑才能有问，有问才能有究。恰当的问题情境能激发学生的好奇心和探究意识，诱发学生的积极思维，引发学生更多的联想。所谓不愤不启，不悱不发。问题情境的创设既可以是教师设疑，也可以启发学生发现问题并大胆质疑。具体实施时可以采取以质疑为核心的设疑启发式和启发探究式，以促进学生的主动学习。

一、设疑启发式

设疑启发式是指在教学中，教师有意识、有目的地设计问题，引起学生疑惑，激发学生学习的兴趣。教师应该将提问作为课堂交流的一部分，根据学生已有的认知结构和思维层次，适时提出学生熟知而又难以解释的问题，造成学生的认知冲突，激发学生学习的兴趣。

1. 设疑——引发求知需要

教师以设疑激发学生质疑，鼓励学生发问、敢问、多问，激发学生学习兴趣并积极主动探究。教师可以巧妙地组织教学内容，以设疑的方式让学生了解发生在他们周围生活中的种种现象，激起他们要探索隐藏在这些现象背后秘密的求知需求。教师通过别致的提问，引发学生的情感共鸣，刺激学生的大脑兴奋点，在短时间内，使学生集中注意力，以饱满的热情参与教学活动中。例如，提问：老年人的头发为什么会变白？与白化病的皮肤变白的病因有什么关系？学生接触过这些现象，发现发生在身边的事情却不知答案，引发一种疑惑、好奇的心理从而积极思考。教师可以适时提示学生头发乌黑的原因是什么（头发里含有一种黑色素，黑色素的形成与酪氨酸酶的活性有关。黑色素含量越少，头发的颜色就越淡），引导学生理解随着人体细胞的衰老，细胞内酪氨酸酶活性降低，黑色素的合成减少，头发也就开始变白。而白化病是因为患者体内控制酪氨酸酶的基因发生突变，不能合成酪氨酸酶，不能使酪氨酸转变成黑色素，从而导致皮肤、黏膜、毛发、眼睛视网膜等白化。学生茅塞顿开，从而印象深刻。

总之，教师在讲授理论知识的同时，适当的结合一些有针对性、启发性且与实际生活、自然联系较密切的问题，如衣服上的油渍除了用洗衣粉等去污产品之外还可以用什么去除？（相似相溶）核酸保健品真的有效吗？人工透析的原理是什么？等等，使学生产生求知需要，引发学生积极思考，使学生因疑惑而思考到解疑，从而深刻地理解和掌握所学知识。

2. 激疑——超出学生预期

教师精心处理问题，要适当地提出一些看似简单、答案却出乎学生意料而超出学生预期的问题。所谓预期，是指一个人根据自己的经验、习惯对客观事物做出的一种事前的估量。教师要充分研究教学内容，尽可能地将内容与生动有趣的问题联系起来。例如，讲解格里菲斯的肺炎双球菌转化实验时，实验过程中将R型细菌注射到小鼠体内，小鼠存活；将加热杀死的S型细菌注射到小鼠体内，小鼠存活；那么把R型细菌和加热杀死的S型细菌注射到小鼠体内，小鼠是否会存活？学生按常规思考，理所当然地认为小鼠会存活，结果却是小鼠死亡。出乎意料的结果会引发学生一系列的疑问并思考：小鼠为什么会死亡？导致小鼠死亡的S型细菌是从哪里来的？R型细菌为什么无毒？S型细菌为什么有毒？是荚膜有毒吗？R型细菌DNA放入S型细菌的培养皿中，S型细菌会不会变成R型细菌？等等。教师适时地提示和讲解，学生由惊奇到恍然大悟，并掌握了相关的知识。讲解生物学中牝鸡司晨这一性反转现象时，母鸡性反转成公鸡，那么公鸡会性反转成母鸡吗？学生理所当然地认为会，但结果是在自然条件下，公鸡变母鸡就要罕见得多了。激发学生产生疑问：为什么母鸡变公鸡容易，公鸡变母鸡却很难？哪些因素引起了性反转？性反转之后什么发生了改变？染色体是否改变？其他生物也有性反转的现象吗？等等。教师充分研究教学内容，力求找出某些关键点，以超出学生预期的问题激发学生积极思考。重要的是使问题的结果出乎意料，又在情理之中。情理之中说明内容有道理，出乎意料则是增强学生情绪强度的关键。

二、启发探究式

教育学家认为：主动的学习者是成功的学习者。没有质疑就没有探究。启发探究式是指用疑问引发学生积极主动地获取知识的方式。与设疑启发式相比，启发探究式更进一步地强调学生的主体性，促进学生主动学习。教师应积极提供机会，引导学生参与科学探究活动的同时，更要发挥学生的自主意识，鼓励学生自主质疑、探究，充分培养学生学习的主动性。

1. 质疑——引导学生探究

教师要积极创设学生"有所发展、有所领悟"的教学情境。教师可以通过巧妙的问题，给学生提供必要的诱发开放思维的刺激，这就好比"投石击水"，用问题激发学生放开思路，积极思考。问题应具有一定的挑战性、开放性、探索性。在问题解决过程中可以采取多种方式，如竞争、合作、辩论等。例如讲解摩尔根果蝇杂交实验时，学生发现白眼性状总与性别相关联。如何解释这一现象？教师出示果蝇X、Y染色体图，介绍X非同源区段、Y非同源区段和同源区段，引导学生思考并讨论控制果蝇眼色的基因到底是在哪个区段上？不同区段上的基因遗传效应如何显现？教师在学生陷入僵局时给予一定的提示和帮助。教师应注意：自己只是一名向导，而不是一名裁判；要给学生充分的时间，允许学生发表不同的见解；可以引导学生探究的问题很多，如如何设计实验探究单测光使胚芽鞘尖端的生长素转移了还是分解了？探究温度对酶活性影响的实验时可否打乱底物和酶的顺序？可否用斐林试剂进行检测？

2. 析疑——学生自己探究

教师要打破"老师只管提问，学生只管回答"的传统做法，让学生也来提问。爱因斯坦曾说过：发现问题比解决问题重要。素质教育的重要途径之一就是保护和发展学生的问题意识。学生根据自己的兴趣、好奇心自己提出问题，通过上网、看剪报、查资料等方式收集信息，并进行加工处理，完成对有关知识的意义建构，一方面提高了学生的信息处理能力，另一方面使学生真正形成了对知识主动探究的内驱力，形成了自己的开放性思维。通过帮助学生学会怎样提一个好的问题和怎样回答问题，让学生明白重要的是运用知识的能力。教学中，教师可以摆脱书本的限制，适当地引入一些社会热点、全球关注以及生物的最新科技动态等问题，鼓励学生畅所欲言，引发学生积极思考。例如，学生会提出如何保护生物多样性？并可能从几个方面探究：生物多样性面临着什么样的威胁？这种威胁是如何造成的？要解除生物多样性面临的威胁，人类要做哪些努力？如何保护生物的多样性？怎样提高公民保护生物多样性的意识？学生自己可以探究的内容很多，如病毒中是否含有水？转基因食品是否安全？怎样预防癌症？如何防治环境污染？等等。

课标视野下学生学习方式转变的调查与思考

深圳市宝安中学（集团） 陈振鹏

一、绪论

2017年版的《普通高中生物学课程标准》提到重视评价促进学生的学习与发展，重视评价的诊断作用，在评价中要关注学生个体差异和发展需求，帮助学生认识自我，改进学习方式，促进生物学学科核心素养的形成。在生物学课程修订中，生物在课程方案和学科课程标准等方面发生了重大变化。从不同角度提及学生的学习方式是影响其学习积极性和学习效果的重要因素之一。因此，培养学生生物学学科核心素养的成功与否很大程度上取决于教育教学过程中能否转变学生的学习方式或引导学生养成科学的生物学学科学习方式。

如何科学地评价学生的学习方式，将会成为教学中需要考虑的重要问题。本文以某校高中学生为调查对象，选取了该校的200名学生，对其进行问卷调查。本文选用澳大利亚教育心理学家约翰·B.比格斯（John B. Biggs）教授编制的"学生学习过程问卷"（简称LPQ）调查某所高中一、二年级学生，主要是研究高中学生生物学习方式的现状，同时将进一步通过问卷数据分析不同学业成就的学生采用的学习方式是否存在差异？21世纪课程改革以来，学生的学习方式是否发生改变，学生是否形成科学的学习方式？这些问题的深入了解对调查分析课程改革的成效具有重要的参考价值，同时也能为后续课程改革提供宝贵的教育教学经验。

本文的调查实践研究以定量化的方式分析学生的学习方式，可以帮助我们有效地诊断学生学习中存在的问题，可为将来贯彻新课标和有效地开展教学提供参考和依据。

二、调查方法及其说明

1954年，Herbert Thelen第一次提出了"学习方式"或"学习风格"的概念，引起了教育界对学习方式探究的浪潮。对于学习方式的典型定义主要是把学习方式界定为：学习方式是学习者持续一贯的带有个性特征的方式，是学习策略和学习倾向的总和。这一定义被国内大部分研究者所采用。

根据比格斯的理论，学习方式包括学习动机和学习策略。每种动机和策略的每个方面都有6道选择题，因此各子量表的总分都是大于等于6分，小于等于30分。见表1。

表1 LPQ量表的具体说明

学习方式		题号
学习动机	表层式	1、7、13、19、25、31
	深层式	2、8、14、20、26、32
	成就式	3、9、15、21、27、33
学习策略	表层式	4、10、16、22、28、34
	深层式	5、11、17、23、29、35
	成就式	6、12、18、24、30、36

根据李克特五点量表（Likert Summated Rating Scale），LPQ中的每道题都设置五个不同梯度的选项，因此在某一方面得分越高说明在生物学学科学习上越经常使用该种学习方式。若得分是60分，则说明该学生认为在生物学学科上自己完全采用该种学习方式；若是得分是36分，则说明该学生认为在生物学学科上自己有一半的时间是采用该种学习方式。因此，当某种学习方式得分大于36分，则说明学生倾向于使用该种学习方式。

三、调查资料的整理与分析

高一年级人数为95人（51.35%），高二年级人数为90人（48.65%）。同时在性别分布上，整体男生83人（44.86%）和女生102人（55.14%），数据呈现较为均衡，这为基础数据的可靠性提供了保障。根据调查样本学生的成绩排名，确定学生学业成就，本研究主要将学业成就分为三个等级，优秀（排名在12%之前）、良好（排名介于12%和55%之间）和一般（排名在55%以后）。具体情况见表2。

表2 样本中不同学业成就的学生描述统计量

学业成就等级	人数	百分比
优秀	23	12.43%
良好	79	42.71%
一般	83	44.86%

从各等级百分比中均可看出，不同等级的学业成就学生人数符合实际情况也符合统计要求，为数据分析提供了可靠的保证。

四、问卷结果与分析

1. 该校高中生学习方式的整体情况

高中生生物学习中采用表层式、深层式和成就式三种学习方式在学习动机和学习策略量表上的得分，通过平均检测值的大小比较的方式了解。平均检测值越高，说明高中生在生物学习中越倾向于采用该种学习方式。结果见表3。

表3 该校学生于LPQ各子量表上的描述统计量（N=185）

项目		均值	标准差
学习动机	表层式	19.72	4.294
	深层式	23.00	4.207
	成就式	20.63	4.227
学习策略	表层式	17.59	4.247
	深层式	21.24	4.561
	成就式	21.70	4.389

高中生在生物学习动机上倾向于采用深层式学习动机（深层式学习动机得分=23.00）。由此表明：高中生在生物学习上是保持内在动机，学生对于生物学学科具有学习兴趣，并能够积极主动地投入生物的学习中。但深层式学习动机的平均检测值尚未达到"基本符合"采用深层式学习动机值24分，因此高中

生的深层式学习动机还有待进一步提高。

高中生在生物学习策略上倾向于采用深层式学习策略（深层式学习策略得分=21.24）和成就式学习策略（成就式学习策略得分=21.70）。从得分均值上看，在生物学习策略上学生似乎是两种策略都有使用。推测原因可能是高考的大环境限制，高中生倾向于做笔记，把生物知识归类形成系统；而且越接近高考学生越倾向根据生物课程和考试标准以及生物教师所强调的知识重点进行有目的有计划而认真地学习。

2. 不同学业成就等级的学生学习方式的情况分析

为进一步了解不同学业成就等级的学生在学习动机和学习策略方面的差异，根据LPQ两个子量表上的得分情况，进行平均检测值的大小比较，结果见表4。

表4　该校不同学业成就等级的学生在LPQ各子量表上的描述统计量

项目		优秀	良好	一般
学习动机	表层式	20.26 ± 5.52	19.38 ± 3.56	19.90 ± 4.57
	深层式	$25.96 \pm 3.05^{**}$	23.66 ± 3.81	21.55 ± 4.29
	成就式	$22.91 \pm 4.38^{*}$	20.76 ± 3.74	19.88 ± 4.43
学习策略	表层式	17.65 ± 5.58	17.06 ± 3.83	18.07 ± 4.20
	深层式	$24.13 \pm 4.41^{**}$	21.76 ± 4.25	19.94 ± 4.47
	成就式	$22.65 \pm 5.97^{**}$	22.66 ± 3.86	20.53 ± 4.12

注：*为$P<0.05$，差异显著；**为$P<0.01$，差异极显著。

在学习动机上多重比较（LSD方法）分析的结果表明：第一，不同学业成就等级的学生在表层式学习动机上不存在显著差异。第二，在深层式学习动机中，优秀等级学生与良好或一般等级学生存在极其显著的差异（$P_1=0.015$，$P_2=0.000$），同时良好等级学生与一般等级学生也存在显著差异（$P_3=0.001$）。第三，在成就式学习动机中，优秀等级学生与良好或一般等级学生存在极其显著的差异（$P_4=0.029$，$P_5=0.002$）

在学习策略上多重比较（LSD方法）分析的结果表明：第一，不同学业成就等级的学生在表层式学习策略上不存在显著差异。第二，在深层式学习策略中，优秀等级学生与良好或一般等级学生存在极其显著的差异（$P_6=0.023$，

P_7=0.000），同时良好等级学生与一般等级学生也存在显著差异（P_8=0.009）。第三，在成就式学习策略，优秀等级学生与一般等级学生存在极其显著的差异（P_9=0.037）。

表5　该校不同学业成就等级的学生在LPQ量表上各类学习方式总得分的描述统计量

项目		优秀	良好	一般
学习方式	表层式	37.91 ± 10.43	36.44 ± 6.40	37.98 ± 7.72
	深层式	50.09 ± 6.87**	45.42 ± 7.28	41.49 ± 7.90
	成就式	45.57 ± 9.05*	43.42 ± 6.48	40.41 ± 7.39

注：*为$P<0.05$，差异显著；**为$P<0.01$，差异极显著。

在学习方式上多重比较（LSD方法）分析的结果表明：第一，不同学业成就等级的学生在表层式学习方式上不存在显著差异。第二，在深层式学习方式中，优秀等级学生与良好或一般等级学生存在极其显著的差异（P_{10}=0.010，P_{11}=0.000），同时良好等级学生与一般等级学生也存在显著差异（P_{12}=0.001）。第三，在成就式学习方式中，优秀等级学生与一般等级学生存在极其显著的差异（P_{13}=0.003）。

整体可知，学业成就等级越高的学生越明显倾向于采用深层式或成就式学习动机、策略和方式。

五、结论

第一，目前学生学习并不是采用单一的学习方式，而是采用多种方式的交叉或混合。本研究从不同学业成就等级的学生情况可以看出，优秀等级的学生多采用深层式和成就式的学习方式。

教学启发：在新一轮的课程标准实施过程中，教师必须关注学生的个体差异和发展需求，可通过本研究的调查问卷让学生认识目前自我的学习方式，进而在课堂教学中重视培养和激发学生的自主性，创造探究性学习情境，组织以探究为特点的主动学习模式，落实培养学科核心素养。

第二，学习结果的差异是由学习动机加上学习策略的差异造成，即是由学习方式而造成。

　　教学启发：首先着眼于学生未来社会发展和个人生活所需，让学生体会到本课程学科的直接价值和间接价值，从而形成生命观念。借助多样化的教学模式激发学生的学习兴趣，如通过科学探究发现现实世界中的生物学问题，增强学生对自然现象的好奇心和求知欲，进而使学生掌握科学探究思路和方法，提高实践能力。在学习策略的形成中，教师同时应该注重学法的指导。由于深层式学习策略中以先前的知识经验为基础，教师需要在教学中注重知识构建过程和学习迁移能力，将所学知识和技能迁移至新情境中解决具体问题。

参考文献

[1] 赵占良.基于核心素养的听评课 [J].中学生物教学，2017（7）：4-7.

[2] 温·哈伦.科学教育的原则和大概念 [M].韦钰，译.北京：科学普及出版社，2011.

[3] 中华人民共和国教育部.普通高中生物学课程标准（2017年版）[M].北京：人民教育出版社，2018.

[4] 徐骏.培育学生生命观念的教学策略 [J].江西教育，2018（21）：40-41.

[5] 吴成军.以生命系统的视角提炼生命观念 [J].中学生物教学，2017（10）：4-7.

[6] 方瑾，赵群，陈金宝，等.细胞生物学 [M].上海：上海科学技术出版社，2010.

[7] 林崇德.21世纪学生发展核心素养研究 [M].北京：北京师范大学出版社，2016.

[8] 曾正.浅析高中生物教学中学生科学素养的培养 [J].科教导刊，2015（3）：48.

[9] 李小鹏.高考状元的屠龙宝刀 [M].北京：中国城市出版社，2008.

[10] 陈晨.电子白板在高中生物图式教学中的应用 [J].中国信息技术教育，2010（14）：98-99.

[11] 王丽红.高中化学教学中问题情境的创设 [D].长春：东北师范大学，2005.

[12] 华芳新.高中生物教学中问题情境的创设 [D].桂林：广西师范大学，2008.

［13］王建春.高中生物史例教学中对学生科学思维的训练［J］.教育导刊，2003（12）：47-47.

［14］魏芳."生命的物质基础"教学中问题情境的设计［J］.安徽卫生职业技术学院学报，2009（4）：93-94.

［15］朱亦正.新课程生物教学中问题情境的创设［J］.教学月刊，2007（6）：17-18.

［16］周茜.巧设问题情境的案例分析［J］.中学生物学，2006（11）：30.

［17］吴久宏.高中生物"碎片化"教学的审视及整体性课堂的构建［J］.中学生物教学，2017（7）：16-19.

［18］李刚，吕立杰.国外围绕大概念进行课程设计模式探析及其启示［J］.比较教育研究，2018（9）：35-43.

［19］王美娟.开放式探究实验教学初探［J］.考试周刊，2014（55）：156-157.

［20］张小玲，李亚军.科学过程技能在高中生物实验教学中的培养［J］.考试周刊，2014（78）：137.

［21］黄海霞，龚大洁."支架式教学"在高中生物教学中的应用探索［J］.中学生物学，2010（11）.

［22］陈柳清.探析核心素养视域下高中生物科学思维培养策略［J］.华夏教师，2018（35）：14-15.

［23］丁傅."生态系统的能量流动"教学中几个难点的思考分析［J］.中学生物学，2012，28（6）：32-34.

［24］中华人民共和国教育部.基础教育课程改革纲要（试行）［EB/OL］.2001.

［25］刘恩山.义务教育生物学课程改革10年回顾［J］.生物学通报，2012，47（11）：3-10.

［26］柳海民，孙阳春.中国基础教育改革的现实误区和理性诉求［J］.长春教育学院学报，2004，4：5-10.

［27］莫雷．教育心理学［M］．北京：教育科学出版社，2007：53-55．

［28］王春燕．从奥苏贝尔有意义言语学习理论重新认识教学中的讲授法［J］．
牡丹江教育学院学报，2001，1：37-39．

［29］Woolfolk A E, Winne P H, Perry N E, et al. Educational Psychology［M］. 4th
ed. Toronto：Pearson Canada, 2010.

［30］Mayer R E. Learning and Instruction［M］. Upper Saddle River, N. J. :
Merrill, 2003.

［31］Ausubel D P, Robinson F G. School Learning：An Introduction to Educational
Psychology［M］. New York：Holt, Rinehart & Winston, 1969.

［32］Ausubel D P. Educational Psychology：A Cognitive View［M］. New York：
Holt, Rinehart & Winston.

［33］刘恩山．中学生物学教学论［M］．北京：高等教育出版社，2009．

［34］濮江，伍小红．奥苏贝尔学习理论在中学讲授教学中的启示［J］．四川教
育学院学报，2006，5：20-22．

［35］蒋桂林．基于高中生核心素养培养的生物学科素养的思考［J］．中学生物
教学，2015（10）：9-10．

［36］刘恩山，刘晟．核心素养作引领注重实践少而精——《普通高中生物学课
程标准》修订思路与特色［J］．生物学通报，2017，52（8）：8-11．

［37］王杨杨．2017年普通高中生物学课程标准解读［J］．现代交际，2017
（5）：171．

［38］夏华刚．高中生物课标教材中的科学方法体系（人教版）［J］．新课程研
究旬刊，2016（7）：9-10．

［39］课程教材研究所．普通高中课程标准实验教科书生物1必修分子与细胞
（2007年版）［M］．北京：人民教育出版社，2018．

［40］雷耀华．概念图在高中生物教学的应用优势［J］．新课程研究，2010
（191）：60-61．

［41］那英军．生物学科的概念教学浅议［J］．吕梁高等专科学校学报，2005，
21（1）：71-72．

［42］丁远毅，崔鸿. 高中生物课程标准教师读本［M］. 武汉：华中师范大学出版社，2003.

［43］行红军，陈清梅. 从习题到原始问题：科学教学方式的重要变革［J］. 课程·教材·教法，2006（1）：56-60.

［44］刘恩山，汪忠. 义务教育生物学课程标准［M］. 北京：北京大学出版社，2012.

［45］汪忠. 初中生物新版课程标准解析与教学指导［M］. 北京：北京大学出版社，2012.

［46］广州市教育局教学研究室. 中学生物课型与教学模式研究［M］. 广州：新世纪出版社，2002.

［47］王永胜. 中学生物学教学设计的理论与实践［M］. 长春：东北师范大学出版社，2001.

［48］孙景启. 科学探究中"提出问题"的实践与认识误区［J］. 中学生物教学，2013（1）：38-39.

［49］全坤利. 高中生数学学习方式的调查研究［D］. 广州：广州大学，2012.

［50］高凌飚，钟媚. 课程改革实验区学生学习方式调查［J］. 基础教育课程，2005（8）：2-7.

［51］王敏勤. 天津市部分中小学生学习方式现状调查［J］. 天津市教科院学报，2006（2）：11-13，28.

［52］肖康书. 中小学语文课程改革十年实验情况调查——以广东省肇庆市课改试验区为例［J］. 新课程研究，2013（1）：42-47.

［53］谭顶良. 学习风格论［M］. 南京：江苏教育出版社，1995.

［54］梁红文. 初中生生物学习态度和学习方式的现状研究［D］. 福州：福建师范大学，2006.

［55］鲁亚平，蒋选荣. 对新课程背景下高中学生生物学习方式调查与反思［J］. 中学生物学，2008，24（2）：57-59.

［56］周阳. 浙江省高中生生物学习方式的调查分析［J］. 中学生物学，2009，25（2）：21-24.

[57] 陆思名. 桂林市高中生生物学习方式调查与对策研究 [D]. 桂林：广西师范大学，2014.

[58] 黄黎明，高凌飚. 学习方式研究对我国教学的启示 [J]. 教育科学研究，2002（2）：30-34.